El papa
Juan Pablo II
en Cuba

A 25 años de su visita

Rafael Cerrato

ALEXANDRIA LIBRARY PUBLISHING HOUSE
MIAMI

ISBN: 9798379332105

Edición: Kiko Arocha

www.alexlib.com

Índice

Prólogo

Después del triunfo de la Revolución cubana en 1959, la Iglesia Católica fue la única institución orgánica que mantuvo su actividad en toda la nación, con su presencia hasta en los pequeños poblados y campos.

La intervención de todos los colegios, radio, prensa, universidad, institutos, obras sociales, movimientos laicales y la expulsión forzosa *manu militari* de sacerdotes, monjas y un obispo, fue un golpe brutal a la Iglesia, que en cierta forma había apoyado a la revolución, aunque para salir de la dictadura. La Iglesia también fue víctima y se sintió traicionada, y no fue como se quiere presentar a veces, un enfrentamiento de la Iglesia-burguesía-aristocrática versus una revolución popular y proletaria. Fue el aplastamiento de la única institución independiente por parte del poder totalitario. Y eso continúa hasta hoy con otros métodos e igual objetivo.

Creo que bastaría un breve comentario para dejar claro esta abismal diferencia de fuerza y métodos entre el poder omnímodo y unipersonal y sus víctimas, que fue toda la sociedad civil o «las fuerzas vivas» de la nación. La provocación de éxodos masivos fue otra de las estrategias premeditadas para salir de los opositores y provocar o negociar con los norteamericanos.

Dagoberto Valdés

Antecedentes

He querido investigar sobre la visita que efectuó el papa Juan Pablo II a Cuba en 1998, hace ahora veinticinco años, visita a la que Castro y el papa numerosas veces se negaron, pero que al fin se produjo tras el difícil momento por el que atravesaba Cuba y varios años de difíciles negociaciones. Con aquella visita, Fidel intentaría suavizar el embargo norteamericano y conseguir que algunos países le abrieran la mano.

La excusa era la asistencia de Fidel Castro a la Cumbre Mundial sobre la Alimentación en Roma, y de camino entrevistarse con Juan Pablo II. Todo era propicio para ello. Cuba, tras la caída de la Unión Soviética estaba pasando uno de los periodos más difíciles y necesitaba con urgencia que el mundo se le abriera; de esta manera se justificaba la visita al papa en el Vaticano y la correspondiente visita del papa a Cuba.

El mismo día que finalizó la dictadura de Fulgencio Batista en la madrugada del 1 de enero 1959, se inició en Cuba un prometedor proceso de cambio. La inmensa mayoría de la sociedad cubana recibía con entusiasmo esa posibilidad y entre las instituciones que la apoyaban estaba la Iglesia católica. Es más, se pudiera argumentar que la propia Iglesia se sintió esperanzada y que con la apertura de esa coyuntura transformadora se pudieran lograr viejos objetivos que ella misma perseguía. No obstante, a finales de ese mismo año, y con ocasión de celebrarse en La Habana el Congreso Católico Nacional (noviembre 28-29, 1959), resultaba claro, aunque no todos lo interpretaron así, que existía una significativa tensión entre la Iglesia católica y el poder revolucionario.

Aquellas tensiones aumentaron durante 1960, y aunque el origen de esa confrontación es complejo, sobresalen como razón principal las diferencias ideológicas entre una Iglesia anticomunista y un mutante movimiento político inclinado fuertemente hacia el marxismo, donde se iban colocando cuadros comunistas en todos los organismos del gobierno, y con una vocación clara hacia el autoritarismo. Como argumenta el sacerdote y también filósofo Giulio Girardi, las iglesias

…no se oponen a la revolución primariamente porque esta golpeé los intereses de la burguesía, sino porque propone un sistema de valores, una interpretación de la realidad, una concepción del hombre nuevo y un proyecto educativo que son alternativos a los de la iglesia.

Sin lugar a dudas, esa posición que tomaba la jerarquía católica, y que, sobre todo expresó a través de sus cartas pastorales con la que coincidió gran parte del clero, contribuyó a reforzar la decisión de aquellos católicos, que preocupados con el radicalismo asumido por el movimiento revolucionario, optaron por militar en la oposición política.

La confrontación con el estado revolucionario terminó debilitando a la Iglesia en 1961. El número de sacerdotes, religiosos y religiosas disminuyó dramáticamente cuando muchos optaron o fueron forzados a salir de Cuba al tiempo que se acentuó el éxodo de un sector de la población, sobre todo a Miami: las clases alta y media que constituían la columna vertebral del Pueblo de Dios en Cuba. También en ese periodo se expropiaron las instituciones educativas privadas, la mayoría de las cuales eran católicas. En resumen, se puede afirmar que la voz de la Iglesia en la sociedad se redujo a mínimos. No obstante, la Santa Sede y el Estado cubano mantuvieron y mantendrían sus relaciones diplomáticas.

Retirado de Cuba el nuncio Apostólico, Mons. Luigi Centoz, dichas relaciones serían gestionadas por el Encargado de Negocios, Mons. Cesare Zacchi, llegado ese mismo año y una figura clave en la historia de la Iglesia en Cuba durante los siguientes 13 años.

Zacchi llegó a Cuba en 1961 como secretario de la Nunciatura Apostólica del Vaticano, asumiendo la representación diplomática de la Santa Sede. Había vivido la experiencia socialista en Europa oriental y en especial en Yugoslavia, de donde fue expulsado, preparado psicológicamente para los momentos que viviría en La Habana. El hecho de que no fuera obispo de la Iglesia dificultó una gestión más cercana con los obispos cubanos, en circunstancias políticas de por sí delicadas y espinosas como las calificara el doctor Raúl Gómez Treto en su ensayo *Iglesia Católica y Revolución*. Originalmente se desempeñó como «simple secretario», encargado interino de los negocios de la Santa Sede, una limitación que contrastaba con que el gobierno revolucionario cubano tenía acreditado en el Vaticano como embajador al doctor Luis Amado Blanco, laico católico, español republicano, exiliado en Cuba a raíz de la guerra civil española.

La positiva y para algunos «controvertida» gestión diplomática de Zacchi lo llevaría en varias ocasiones a poner su cargo a disposición del papa, siendo siempre ratificado por el sumo pontífice en su misión en La Habana. Tras una larga y fructífera gestión diplomática, el 7 de junio de 1975 fue nombrado rector de la Pontificia

Academia Eclesiástica del Vaticano, es decir, del cuerpo diplomático del Vaticano.

Cuando las relaciones entre la jerarquía católica y el gobierno revolucionario cubano se vieron interrumpidas en la etapa más dura del conflicto, las gestiones se realizaron por intermedio de la Nunciatura, gracias a la labor de Zacchi. Al final de su existencia hizo gestiones para volver a Cuba, pero quienes atendían en la Isla los asuntos religiosos por el Partido Comunista, y algunos sectores de la Iglesias que no vieron con buenos ojos su diálogo con la cúpula revolucionaria, se negaron a permitir su regreso. Sus memorias, como la de muchos personajes, nunca fueron publicadas en la Isla, lo que dejó un profundo vacío informativo para la investigación histórica de la Iglesia, y de forma general, para las religiones en Cuba. Habría que destacar que fue gracias a la gestión de Zacchi que los obispos cubanos pudieron asistir al Concilio Vaticano II.

Zacchi fue un nuncio, «excepcional» que merece un reconocimiento de parte no solo de los católicos, sino de todos los creyentes y no creyentes en Cuba, por el papel extraordinario que desempeñó en uno de los momentos más convulsos del proceso político cubano.

La etapa que siguió a la debacle que deriva de la confrontación, y que tuviera como límites temporales los años de 1961 y 1968, es de supervivencia, precariedad, sufrimiento pero no pasividad ni aislamiento. Este fue un período fundamental para garantizar la continuidad del catolicismo en la isla de Cuba, ya que si la Iglesia no lograba contener las dificultades provenientes de un ambiente hostil a su misión evangélica, corría el riesgo de «desaparecer» o de pasar a ser un dato insignificante en la vida cubana.

Una señal de esperanza durante esta etapa fue el nombramiento, en 1964, de dos nuevos obispos auxiliares para la archidiócesis de La Habana: los sacerdotes cubanos Fernando Azcárate, S.J. y Alfredo Llaguno. También la llegada de 25 sacerdotes a la Isla así como la posibilidad de importar equipos y material necesarios para los fines pastorales de la Iglesia. En 1966 fue significativo el nombramiento del Padre Carlos Manuel de Céspedes como rector del seminario archidiócesano de La Habana, quien fue trasladado a los antiguos locales del Seminario de San Carlos y San Ambrosio en La Habana Vieja.

Mientras tanto, para esa Iglesia tenía que ser motivo de grave preocupación la detención y juicio del sacerdote franciscano Miguel Ángel Loredo quien, acusado de actos contrarios a la seguridad del Estado fue condenado a 15 años de prisión; como era también alarmante el envío de tres sacerdotes, entre ellos los futuros obispos Alfredo Petit y Jaime Ortega, y varios seminaristas a los campamentos de las Unidades Militares de Ayuda a la Producción (UMAP). Estos hechos, que tuvieron lugar durante 1966, le recordaba a la Iglesia la fragilidad de su desempeño en Cuba.

No obstante las dificultades que enfrentaba la Iglesia en aquella coyuntura, en 1967 hay indicios que sugerían el comienzo de una transformación en la manera en que la Iglesia se veía a sí misma dentro de Cuba. Una de esas señales estaba relacionada con la celebración en Roma del III Congreso para el Apostolado Seglar y al que asistió una delegación de la Iglesia cubana compuesta por seis seglares y Mons. Fernando Azcárate. De acuerdo con el historiador cubano, y miembro de la delegación, Raúl Gómez Treto, el presidente de la Conferencia Episcopal de Cuba solicitó a la Santa Sede, «a nombre de la Iglesia cubana, que no se aceptara representación alguna de las diócesis de Cuba que no partiera de territorio cubano y contara con la autorización de sus respectivos obispos». Una petición como esta indica, sin lugar a duda, que la Iglesia en

Cuba quería preservar una identidad propia que estuviese encarnada esencialmente en la isla y no fuera de ella, es decir, en el exilio, como en alguna ocasión lo pretendieron católicos cubanos ubicados en la diáspora.

De igual manera, la transformación que se estaba dando en el interior de la Iglesia en Cuba, como explicó el entonces obispo Auxiliar de Cienfuegos, Mons. Francisco Oves, que era el resultado de un largo proceso de reflexión, se manifestó en otro comunicado que los obispos cubanos dirigieron a los sacerdotes y fieles el 8 de septiembre de 1969 en el que trataban el problema de la fe y el ateísmo. En este documento decían los pastores cubanos:

Hemos de acercarnos al hombre ateo con todo el respeto y la caridad fraterna que merece una persona humana por el mero hecho de serlo. No debemos excluir la honestidad en su toma de posición que puede ser muy sincera, ni debemos rehuir la colaboración en el orden práctico de nuestras realizaciones terrenales.

Por supuesto, este proceso de transformación que se estaba dando en la Iglesia católica en Cuba durante esos años no estuvo exento de controversias. En el mismo boletín *Reunión*, donde se publicó la alusión de Mons. Oves al largo proceso de reflexión, se daba cuenta de la carta de un obispo cubano, al que no se nombra, en la que se comentaba el documento referente a la condena del embargo estadounidense.

De acuerdo con esta carta, el obispo que la escribe afirma:

…aquí la reacción ha sido muy diversa en unos y en otros. Ha habido actitudes muy inteligentes y comprensivas. Otras no tanto. Era natural. Pero el paso ha sido acertado, y sin duda abre una etapa nueva para la Iglesia cubana.

Raúl Gómez Treto, también da testimonio en su obra sobre las tensiones internas de las posturas que asume la Iglesia en Cuba, indicando así la diversidad de criterios que convivían dentro de ella en aquel momento.

Si había cambios en la Iglesia cubana por aquella época, estos se debían, en parte, a la resonancia proveniente del Concilio Ecuménico Vaticano II celebrado en Roma entre los años de 1962 y 1965 y de la Conferencia del episcopado latinoamericano que tuvo lugar en Medellín del 24 de agosto al 6 de septiembre de 1968. Estos eran acontecimientos que renovaban al catolicismo universal y al latinoamericano en particular, y que le daban a la Iglesia en Cuba herramientas conceptuales y prácticas con las cuales poder enfrentarse a su nueva situación. De hecho, en la próxima etapa en la historia de la Iglesia en Cuba, aquella enmarcada entre los años de 1969 y 1981, el eco de Medellín jugará un papel singular.

De acuerdo con los hechos aludidos hay que señalar un cierto acercamiento que durante aquellos tiempos se fue dando entre la Iglesia y el Estado. Todo parece indicar que la iniciativa partió de la Iglesia, específicamente de la Santa Sede. Los pontífices Juan XXIII y Pablo VI, promotores del Vaticano II y de la idea de que era necesario que la Iglesia se renovase, que se pusiera al día, fueron quienes le dieron impulso a la postura del diálogo, que incluía de manera prominente el diálogo con los estados comunistas, ya que, pensaban ellos, era una manera adecuada de mejorar la situación de los católicos en esos países.

En Cuba le correspondió a Mons. Zacchi poner en práctica esa política. Junto a él todo parece indicar, actuaron dos importantes miembros del clero cubano: el rector del Seminario, el Padre Carlos Manuel de Céspedes, y el sacerdote y después obispo, Mons. Oves. Señal de esa colaboración, y ejemplo del tipo de iniciativa que se ponía en práctica para hacer público el grado de distensión al que aspiraba la Iglesia en su relación con el Estado revolucionario cubano, fue la decisión que se tomó en el Seminario de San Carlos y San Ambrosio, con el apoyo de Mons. Evelio Díz (sic), de la Nunciatura Apostólica, y mediante la coordinación necesaria con las autoridades políticas del país para que «los seminaristas pasaran un mes al año realizando trabajo productivo en la agricultura o las construcciones... como parte de su plan docente y formativo».

A este período corresponde igualmente, la primera reunión directa que los obispos de Cuba tendrán con Fidel Castro después de pasado el tiempo de la confrontación. El hecho tuvo lugar con ocasión de la consagración como obispo titular de Zella de Mons. Zacchi. Como parte del protocolo, Fidel Castro asistió a la recepción que se celebró en la Nunciatura Apostólica en La Habana y a la que también asistieron los obispos de Cuba. Según relata Gómez Treto, quien además evalúa la consagración episcopal de Mons. Zacchi como «apoyo de la Santa Sede a su gestión diplomática en Cuba», la conversación entre el primer ministro del gobierno cubano y los obispos de Cuba fue «franca y cordial». A fines de 1967 y comienzos de 1968 era evidente que, a pesar de las continuas dificultades que habría de confrontar la Iglesia en Cuba y del largo camino que quedaba por recorrer, las relaciones que sostenía con el Estado cubano comenzaban a descongelarse. Sin lugar a dudas, la Iglesia había logrado sobrevivir.

La Conferencia de Medellín debe ser un referente claro al señalar el comienzo de una nueva etapa en la historia de las relaciones entre la Iglesia Católica en Cuba y el Estado cubano. Una parte importante del discurso pastoral católico en Cuba durante los próximos años, así como también su praxis, estarán influenciadas por el espíritu que se originó en aquella reunión del episcopado latinoamericano. A la vez, se debe consignar que la respuesta que le dio el Estado cubano a los gestos y acciones de la Iglesia en Cuba también estuvo condicionada por fenómenos que tuvieron a Medellín como origen. En efecto, no se puede olvidar que aquella Conferencia fue la matriz principal de la teología de la liberación, fenómeno paralelo a los planteamientos que se hacían en Europa a favor de un diálogo entre cristianos y marxistas.

Esta etapa tiene como una de sus figuras más sobresalientes a Mons. Francisco Oves quien sería consagrado en 1969 como obispo Auxiliar de Cienfuegos, y unos meses más tarde, en 1970, pasó a La Habana como arzobispo de esa archidiócesis. No podemos olvidar a este obispo, que fue una de las figuras claves de aquellos años.

Oves había sido ordenado sacerdote en 1954 y fue uno de los miembros del clero que sufrió la expulsión de Cuba en 1961. Al salir de la isla se dirigió a Roma donde obtuvo el doctorado en sociología. Regresó a Cuba en 1965 y pasó a ser parte del claustro profesoral del Seminario San Carlos y San Ambrosio. Además presidió, a partir de su ordenación episcopal, la Comisión Episcopal. En 1968, con otros sacerdotes y religiosos y junto a cinco miembros del episcopado cubano, viajó a Medellín como parte de la delegación que la Iglesia enviaba a la Conferencia del episcopado latinoamericano. De acuerdo con el relato que hace Raúl Gómez Treto de la historia de la Iglesia en Cuba durante esos tiempos, hemos de hacer en este punto una referencia su vida.

Monseñor Oves nació en Camagüey el 4 de octubre de 1928. Su padre era un ferviente sindicalista católico, muy cercano a Mons. Enrique Pérez Serantes, obispo de la diócesis en ese entonces. Tenía cuatro hermanos. A los diez años ingresó en el Seminario Menor de Santa María, que por aquel tiempo funcionaba en la capital camagüeyana, posteriormente se trasladó al Seminario de San Carlos y San Ambrosio de La Habana para realizar sus estudios de Humanidades.

Terminada la Segunda Guerra Mundial, Mons. Pérez Serantes lo envió a la Pontifica Universidad de Comillas en Santander, España. En ese lugar se licenció primeramente en Filosofía, y después en Teología. A su regreso, el nuevo obispo de la diócesis, el español Mons. Carlos Ríu Anglés, lo ordenó sacerdote en la catedral camagüeyana el 13 de abril de 1952 y lo destinó a la parroquia de Santa Cruz del Sur, donde tuvo la oportunidad de desplegar todas las posibilidades apostólicas y pastorales que su vocación genuinamente sacerdotal le otorgaban. Fue un excelente y admirado cura párroco en un pueblo pesquero y de centrales azucareros. Era además un dinámico animador de la Acción Católica en su comunidad.

Fue él quien invitó a las Hermanas del Amor de Dios para crear un colegio que tuviera en cuenta a los niños y niñas pobres. En la capital de la floreciente provincia de Camagüey, asumió, sin dejar su querida parroquia, otras responsabilidades pastorales, entre ellas la creación de un ambicioso programa de televisión católica.

Aunque las relaciones del padre Oves con su obispo no fueron las mejores, no aminoró su interés y espíritu por el trabajo pastoral. Era un hombre muy popular en el pueblo y la gente lo admiraba y seguía. Algunos de los que lo conocieron, y aún están vivos, lo recuerdan con mucho cariño. Pero fue un extraño suceso el que dio origen a que todo cambiara.

En el Estadio Bobby Maduro se anunció que la Iglesia había obtenido permiso para realizar la procesión del domingo 10 de septiembre de 1961 a las 5:00 de la tarde. El gobierno informó en la noche del 8 de septiembre que la misma solo podía hacerse a las 7:00 de la mañana. Como no había tiempo para anunciar el cambio (la Iglesia no tenía acceso a la prensa ni a la radio ni a la televisión), el propio párroco, de pleno acuerdo con otros sacerdotes, anunció en la misa de ese domingo, que la procesión no se celebraría. En la tarde, mucho antes de la hora de la procesión, las calles comenzaron a llenarse de miles de personas. A las 5:00 de la tarde el padre Arnaldo Bazán celebró la misa y pidió calma a todos, «que la Virgen se contentaba con su buena voluntad y con esa manifestación de fe». Pero la multitud estaba exaltada y empezó a gritar: «¡Libertad, queremos libertad!» gritaban ¡Viva la Virgen de la Caridad! ¡Viva Cuba libre! ¡Abajo el comunismo!. Querían de todos modos salir en procesión. Entonces consiguieron en alguna casa cercana un cuadro de la Virgen de la Caridad, y un muchacho sobre los hombros de otro lo llevaba en alto. Los milicianos y soldados empezaron a disparar contra la gente y ese muchacho, que se llamaba Arnaldo Socorro, cayó sin vida.

A la vista de aquello, Oves fue apresado en La Habana ese mismo día, al igual que hicieron con más de doscientos sacerdotes de toda Cuba. El 17 de septiembre fue expulsado a España en el trasatlántico Covadonga. Durante la travesía se escuchó por los altavoces que el Instituto de Sociología Pastoral de Roma ofrecía una beca para que uno de los sacerdotes expulsados, estudiase. Ahí emergió el hombre inteligente que era el padre Oves y enseguida mostró interés por la propuesta. Fue el único que respondió afirmativamente.

En Roma estudió durante tres años, al tiempo que tomó otros cursos complementarios en Lovaina, Bélgica. En 1964 se doctoró en Ciencias Sociales. Uno de los asistentes a la exposición de la tesis del padre Oves, el sacerdote Mérito González Artiga, evocaba años después que lo hizo con tal brillantez y maestría, que el auditorio en pleno respondió con una larga y fuerte ovación.

El 30 de junio de 1963, en ocasión de la coronación papal del hoy santo de la Iglesia, Pablo VI, la Nunciatura Apostólica en La Habana ofreció una recepción a la cual asistió el primer ministro del gobierno Revolucionario, Fidel Castro. El encargado de negocios *ad ínterin*, Mons. Cesare Zacchi, aprovechó la oportunidad y le pidió permiso para la entrada de sacerdotes al país. Fidel accedió a la solicitud, y los sacerdotes fueron entrando, poco a poco, durante dos años. La cifra total alcanzó los ochenta y cuatro; entre ellos regresaron algunos de los expulsados en el buque Covadonga, como el padre español paulino Maximino Bea y el padre Francisco Oves. Otros eran sacerdotes cubanos ordenados en el extranjero, que se encontraban estudiando fuera de Cuba en el momento del triunfo revolucionario. También había padres extranjeros que llegaban por primera vez al país.

Oves llegó a la Isla con su título de Doctor en Sociología y aunque en un principio iba a marcharse a la diócesis de Camagüey, se quedó en La Habana como profesor de esa materia en el Seminario

El Buen Pastor, y lo destinaron a la iglesia de San Francisco de Paula, en La Víbora, donde era párroco Mons. Alfredo Llaguno Canals, también obispo auxiliar de la arquidiócesis. Contrario a lo que muchos puedan pensar, el padre Oves no fue a vivir a la casa del párroco, sino a un pabellón del Hogar para Damas, aledaño a la iglesia, que estaba destinado a sacerdotes enfermos y jubilados. Mientras tanto, se desempeñaba como sacerdote coadjutor de la parroquia de San Francisco de Paula. Siempre vestía de sotana, aunque ya estaba permitido vestir de civil. Iba en ómnibus a las clases del Seminario, primero a la sede en Arroyo Arenas y más tarde, tras la nacionalización del edificio de El Buen Pastor, al viejo caserón de La Habana Vieja. Los alumnos disfrutaban de sus clases de Sociología y todo lo referente a la parte social de la filosofía. Muchos aún lo recuerdan como el gran profesor que fue. En el verano solía ir a su diócesis a ejercer funciones pastorales.

En agosto de 1968, cuando se celebró en Medellín la Segunda Conferencia General del episcopado Latinoamericano; el padre Oves fue designado por el Vaticano como perito en Sociología para asesorar a las distintas comisiones. De esta manera, acompañó a los cinco obispos cubanos que asistieron: Alfredo Llaguno y Fernando Azcárate SJ, auxiliares de La Habana; José Domínguez, obispo de Matanzas; Adolfo Rodríguez, de Camagüey y Pedro Meurice, administrador apostólico de la sede vacante de Santiago de Cuba.

Concluido el evento de Medellín, cuyo desarrollo resultó trascendental para toda América Latina, los obispos cubanos asistentes comenzaron a dar muestras de su rápida aplicación en sus respectivas diócesis. La Conferencia Episcopal de la Isla determinó entonces que era necesario emitir una palabra respecto a lo que la Iglesia podía hacer en medio de una situación tan difícil como la de diez años de revolución socialista marxista-leninista única del continente. Desde hacía nueve años el episcopado cubano no se pronunciaba respecto a la situación social.

Mons. Fernando Azcárate Freyre de Andrade SJ, obispo auxiliar de La Habana fue el promotor de una idea que enseguida secundaron los demás obispos. La Conferencia encargó al padre Oves la redacción de un comunicado extenso con las directrices que le dieron y con la finalidad de exponer las ideas de Medellín que era posible aplicar en Cuba. Si bien el documento final del encuentro latinoamericano se refería a la situación social de América Latina, las características de Cuba eran totalmente diferentes. Así se halló una palabra clave: «desarrollo». Ciertamente, la Revolución cubana, según el discurso de sus dirigentes, perseguía el desarrollo del país, y la Iglesia, por su parte, nunca se podía oponer al buen desarrollo de una nación.

En otra línea, el marxismo valora mucho el trabajo humano; la Iglesia también, al punto que lo pone como medio para la santificación de la persona. Ya el Concilio Vaticano II había estimado el trabajo de los católicos con hombres y mujeres de otras ideologías políticas, filosóficas y religiosas de cara a la consecución del progreso. Además, en 1967, el entonces papa Pablo VI había publicado una encíclica social, con el título *Populorum progressio* dedicada al desarrollo de los pueblos más pobres. Todo esto fue el aval con el que trabajó el padre Oves en la redacción del documento cubano.

En ningún lugar del comunicado se mencionan las expresiones «Revolución cubana» y «socialismo». Tampoco aparece en el documento exhortación a los católicos para que apoyen a la Revolución cubana y al socialismo. Simplemente se exhortaba a los fieles a trabajar junto a los ateos en el desarrollo del país. Lógicamente, para hablar de desarrollo en Cuba, era necesario mencionar el embargo, llamado por Castro «bloqueo», como uno de los factores que lo impedían. Esto fue la «manzana de la discordia», pues en ese instante se determinó por muchos católicos no aceptar el documento, incluyendo a sacerdotes. Durante la lectura del documento, publicado el 10 de abril de 1969, hubo feligreses que se levantaron de sus asientos y abandonaron el templo, tal vez para no volver más. Para otro grupo de católicos y sacerdotes, el documento les fue indiferente. Finalmente, hubo un sector del catolicismo cubano, incluyendo sacerdotes, que aceptó gustosamente el documento y lo consideró oportuno y necesario.

Sin embargo, muchos católicos que trabajaban en los pocos centros privados que la ofensiva revolucionaria expropió sin compensación el 13 de marzo de 1968, no estaban de acuerdo con lo reflejado por los obispos. Por otra parte, lo escrito por los pastores dio una mayor motivación para el trabajo de algunos católicos que permanecieron en el país, a pesar de ser considerados como «ciudadanos de segunda categoría» y «no confiables». Sabían que nunca se les daría un puesto de dirección o de primera línea en la construcción de la nueva sociedad, no obstante, participaban y trabajaban duro en el puesto que alcanzaban y también en las jornadas productivas programadas en centros laborales o de estudio. En cualquier sitio, los cristianos en general tenían fama de ser muy buenos trabajadores. Nunca su fe resultó obstáculo para trabajar por el desarrollo del país, tal como en aquel tiempo lo aconsejaban los obispos.

Durante los años del 60 al 68, la Iglesia vio una notabilísima merma dentro de la feligresía. Unos porque emigraban del país, otros porque ocultaban su fe, que no volvió a aflorar hasta después del IV Congreso del Partido Comunista de Cuba en octubre de 1991, cuando regresaron a los templos.

Entre los que abandonaron la práctica religiosa hubo algunos que renegaban públicamente de su fe anterior, y aún más, llegaron a ensañarse contra todo tipo de creyentes. Finalmente, entre los que abandonaron la práctica religiosa, hubo a quienes la muerte no les dio la oportunidad de volver. Quedó en las comunidades católicas un grupo muy reducido de fieles a la Iglesia, aun en condiciones muy difíciles. La mayoría de ellos eran adultos, pero también hubo algunos jóvenes, matrimonios y niños. Significativamente, siempre «por la gracia de Dios», hubo personas nuevas que decidían integrarse a la vida de la comunidad eclesial para vivir su fe.

El 3 de septiembre de 1969, los obispos cubanos publicaron un segundo comunicado. En este aparecía una fundamentación doctrinal y moral, basada en los escritos del Magisterio de la Iglesia sobre el quehacer social de los católicos. Este documento no tuvo objeciones. En su redacción no solo intervino el padre Oves, pues una parte fue escrita por el padre Evelio Ramos, futuro obispo auxiliar de La Habana. Hubiera sido más pedagógico que el segundo documento antecediera al primero; así, este hubiera tenido mayor aceptación por los fieles.

Cuando Mons. Evelio se vio imposibilitado físicamente para cumplir su mandato episcopal que expiraba a los setenta y cinco años de edad, solicitó su renuncia al papa Pablo VI, quien se la concedió por motivos de salud. Mons. Oves, quien había sido nombrado obispo auxiliar de Cienfuegos en abril de 1969, fue designado para sucederle y tomó posesión del cargo el 10 de febrero de 1970. Para esa fecha, la Iglesia atravesaba uno de los momentos más difíciles de su tensa relación con el gobierno revolucionario. Muchos sacerdotes y fieles identificaban a Oves como el autor intelectual del comunicado de 1969.

En medio de una realidad poco alentadora, llegó Mons. Oves, con solo cuarenta y un años de edad, a dirigir la archidiócesis de La Habana. Desde el principio mostró un intenso y acertado celo apostólico. Lo primero que hizo fue no aceptar a los dos obispos auxiliares: los monseñores Azcárate y Llaguno; y nombró como vicarios episcopales a los padres Evelio Ramos y Fernando Prego. Posteriormente, ambos serían nombrados obispos; Prego, obispo de Cienfuegos y Evelio, obispo auxiliar de La Habana.

Seguidamente dividió la archidiócesis habanera en vicarías pastorales, reanimó las ya existentes comisiones pastorales y comenzó a hacer visitas pastorales a todas las parroquias y capillas. Visitaba a los enfermos de las parroquias y pasaba varios días viviendo con el párroco de estas. Muchas veces conducía su automóvil. Con disposición acudía a las fiestas patronales donde se le solicitara. En reiteradas ocasiones sustituyó a los párrocos cuando estaban enfermos. Durante su mandato asistió a los sínodos de obispos que se celebraron en Roma en los años 1971, 1972 y 1977.

Llegó a La Habana decidido a entablar un diálogo con el gobierno y con el entonces primer ministro Fidel Castro. Sin embargo, siempre recibió «la callada» por respuesta, aunque en este propósito siempre tuvo el claro apoyo del Vaticano. En ese período, el gobierno cubano no tenía ningún interés por dialogar con la Iglesia, a pesar de que muchos dirigentes socialistas revolucionarios, entre los que se encontraba el presidente de la Democracia Cristiana en Chile, Radomiro Tomic, opinaran de manera distinta. Justo este dirigente chileno, un hombre de tendencias socialistas, le dijo en una oportunidad a Fidel: «Si usted no mejora las relaciones con la Iglesia y demás religiones en Cuba, los cristianos de América Latina, mayoritariamente religiosa, no le van a .creer». No fue hasta 1991 que el líder cubano aceptó a los siempre discriminados religiosos de Cuba.

En el grupo de Cristianos por el Socialismo en Cuba descuellan el sacerdote escolapio José Antonio Vizcaíno y otro cuyo apellido era Estorino, quien no ejercía el ministerio sacerdotal en esos momentos y trabajaba como empleado en la Biblioteca Nacional de Cuba. También una monja cubana residente en Estados Unidos, Hna. María Concepta, perteneciente a la congregación religiosa de Oblatas de la Providencia, que había regresado a Cuba para vivir en el convento del Servicio Doméstico en el Cerro; y el prominente abogado católico Raúl Gómez Treto. Para febrero de 1972, varios seminaristas estaban incorporados a este movimiento, que junto a otros laicos católicos universitarios, solían reunirse en la iglesia de Cristo Rey en La Habana[1].

---

1. Nota del editor: Un excelente trabajo de infiltración de la seguridad del Estado cubano, maña heredada del partido comunista de Cuba (PSP), que a su vez la heredó de la KGB. Su principal activo político era la infiltración encubierta. Penetró los partidos políticos, los gobiernos y las sociedades civiles, tanto, que el jefe del BRAC (Buro de Represiones Anticomunistas) era miembro secreto del PSP. Aguilera, César Reynel, *El Soviet del Caribe*.

Los seminaristas pertenecientes a Cristianos por el Socialismo tuvieron dentro del viejo caserón de estudios, expresiones secularistas poco sacerdotales y belicosas, lo cual llevó al Seminario a una situación interna muy convulsa. La convivencia se hacía prácticamente imposible entre los alumnos, al punto que hizo fracasar la vida del propio Seminario. Aquí es cuando Mons. Oves tuvo que asumir una postura radical con relación a estos seminaristas y al grupo de Cristianos por el Socialismo en general que funcionaba en la diócesis. Resolvió expulsar a algunos de ellos, actitud que fue secundada por el rector de entonces, el padre Froilán Domínguez Becerra. El resto de los obispos de Cuba apoyó también esta decisión.

Las medidas de Mons. Oves lo situaban en una postura muy engorrosa respecto al gobierno, máxime cuando él quería llevar una actitud de apertura y diálogo. Sin embargo, la sorteó con gran habilidad y navegó magistralmente entre Escila y Caribdis.

A finales de 1976 la salud de Mons. Oves comenzó a declinar hasta llegar a situaciones extremas y delicadas. Su deterioro era visible para todos. Presiones externas, incomprensiones internas, tensiones mantenidas y el exceso de trabajo lo desequilibraron psíquicamente. Una vez más, la situación habanera enfermaba a un obispo.

Debido a ello, fue llamado a Roma junto con el entonces obispo de Pinar del Río, Mons. Jaime Ortega y el obispo de Matanzas, Mons. Domínguez. Así partió de Cuba, junto a los prelados ya mencionados, el 5 de junio de 1979. Allá en Roma, quedó hospitalizado para un chequeo médico y fue sometido a tratamiento. Sin embargo, a la salida del hospital, su situación médica aún no era buena. Fue recibido por el papa Juan Pablo II, del cual era amigo desde los sínodos de los obispos. Cuando en febrero de 1980 se disponía a regresar a Cuba, se le evitó drásticamente su partida y se nombró a un administrador apostólico con sede plena para gobernar la archidiócesis habanera. La responsabilidad recayó en Mons. Pedro Meurice Estiú, arzobispo de Santiago de Cuba. Con esta decisión se le impedía a Mons. Oves el ejercicio del gobierno pastoral de su territorio eclesial. Nunca más regresó a Cuba.

En Roma, su enfermedad, lejos de aminorar, empeoró. Tiempo después, el Vaticano lo destinó como vicario episcopal de El Paso, en Texas, Estados Unidos, donde murió de un ataque al corazón.

Oves, quien como hemos visto ejerció una gran labor, tuvo una importante participación en la redacción de la carta en la que los obispos cubanos comenzaban su reflexión sobre la Conferencia de Medellín y en la que se condenó el embargo económico de Estados Unidos hacia Cuba. A Mons. Oves le tocó presidir la archidiócesis capitalina en un período en el que la Iglesia católica en Cuba se mostraba rejuvenecida y cubanizada, tanto por su jerarquía como por el clero, a la vez que el proceso revolucionario cubano iniciaba la llamada etapa de «institucionalización» que, entre otras cosas, incluyó el desarrollo de nexos políticos, económicos y culturales más estrechos con la Unión Soviética y el resto del bloque de países socialistas.

De esta época habría que señalar como uno de sus aspectos destacados el gradual acercamiento entre la Iglesia y el Estado cubano aun cuando se debe constatar que continuaban existiendo impedimentos que dificultaban un mayor grado de entendimiento entre ellos. No obstante, Fidel Castro pudo aludir en dos ocasiones distintas, una durante su visita a Chile en 1971 y otra a Jamaica en 1977, al buen clima que existía en las relaciones entre la Iglesia y el Estado cubanos y añadir durante la primera de dichas visitas que «algunos dirigentes religiosos … tuvieron especial interés y cuidado en buscar fórmulas de acercamiento y de solución a los problemas que habían surgido en nuestro país». Ejemplo del aludido deshielo es el contacto que durante los setenta tuvieron las autoridades de la Iglesia y del Estado en Cuba así como las destacadas entrevistas entre Fidel Castro y los cardenales Agostino Casaroli, secretario del Consejo para Asuntos Públicos de la Iglesia, es decir, responsable en el Vaticano de conducir las relaciones entre la Santa Sede y los estados, incluidos los del bloque socialista, y Bernardin Gantin, Prefecto de la Congregación para los obispos y presidente de la Pontificia Comisión para América Latina.

La participación de la Iglesia católica en la creación de ese clima de «paz y armonía» aludido por Fidel Castro en su viaje a Chile asumió diferentes facetas. Hay que señalar que esta fue una década en la que la Iglesia recreó las bases de su identidad como institución encarnada en la cultura cubana. Ya la Iglesia se había pronunciado claramente con respecto a lo que era su opción primaria: la de permanecer en Cuba; y a esos efectos comenzó a promover la idea de que los católicos cubanos no escogieran la emigración como solución a sus contradicciones con el proceso de cambio que tenía lugar en el país. Sin embargo, hay dos ocasiones en los setenta en que la Iglesia expone claramente su afinidad con la propuesta que privilegia la existencia de un ser nacional: la primera tiene lugar al conmemorarse el bicentenario del Seminario San Carlos y San Ambrosio, celebrado en 1973; y la segunda en 1978 en ocasión del 125 aniversario del fallecimiento del Padre Félix Varela, figura que sería central en el discurso de corte nacionalista que forja la Iglesia en Cuba desde entonces. Ambas festividades fueron utilizadas por la Iglesia para resaltar el significativo papel que había jugado la Iglesia católica en la promoción de una identidad nacional para Cuba.

A esta operación discursiva contribuyó la Santa Sede y así se manifestó, cuando en 1976 presentó credenciales al Santo Padre el nuevo embajador cubano en el Vaticano; en esa ocasión el papa Pablo VI declaró que

> ...la acción de la Iglesia y de la Santa Sede encuentran en Cuba un terreno preparado por la larga tradición de una civilización de signo cristiano. De manera que aquella no puede aparecer como ajena al alma y a la realidad profunda del pueblo cubano.

Pocos años después, en 1982, y en una ocasión similar, el sucesor de Pablo VI, el papa Juan Pablo II diría que «la historia es testigo de la aportación que la Iglesia ha prestado al crecimiento integral de la nación». Por supuesto, el otro ingrediente del posicionamiento nacionalista del catolicismo cubano estará constituido por la veneración a la Virgen de la Caridad, y fue precisamente en 1979 cuando una bula papal elevó a la categoría de Basílica Menor al Santuario Nacional de la Virgen de la Caridad situado en el Cobre. Obviamente, ese esfuerzo de la Iglesia católica por resaltar iconos del nacionalismo cubano creaba vasos comunicantes con el discurso nacionalista expresado desde la Revolución y que tanta importancia tenía para la dirigencia de ese proceso histórico.

Hay que destacar el surgimiento en el sínodo de la Iglesia cubana de posiciones «progresistas» cercanas a las postuladas desde la teología de la liberación y que armonizaban con aquellas promovidas desde la Revolución. De hecho, desde esta posición se le reconocerán al proceso de cambio en Cuba el haber logrado objetivos que la Iglesia evaluará como muy positivos para el bienestar de la población cubana residente en la isla. La ya mencionada decisión de responsabilizar a los seminaristas con el trabajo productivo es un claro ejemplo de la importancia que adquiría en la Iglesia aquella postura. Pero también lo es la iniciativa que tomaron importantes miembros de la jerarquía católica como Mons. Francisco Oves, entonces presidente de la Conferencia Episcopal de Cuba; Mons. José M. Domínguez, obispo de Matanzas; y Mons. Evelio Ramos, obispo Auxiliar de La Habana, con la anuencia de Mons. Zacchi, de facilitar «a un grupo de sacerdotes, seminaristas y laicos católicos» el viajar a Chile en 1972 para ser parte del I Encuentro Latinoamericano de Cristianos por el Socialismo.

Esta corriente, que también se desarrolló en el seno del laicado cubano, se expresó de manera diáfana en julio de 1978 cuando se celebró en La Habana el XI Festival de la Juventud y los Estudiantes. Los organizadores de este invitaron a la Iglesia católica cubana a que enviara una delegación, y la Iglesia aceptó concurriendo al encuentro con una representación oficial presidida por Mons. Oves. Fue precisamente la intervención del arzobispo de La Habana en el Festival lo que constituye el mejor ejemplo del significado que adquiría al interior de la Iglesia las posiciones llamadas progresistas, cercanas a la teología de la liberación.

No obstante los gestos y declaraciones pronunciadas por la Iglesia durante estos años, y entre los que destaca de manera singular el firme repudio que hizo el episcopado cubano al uso del terrorismo, como arma política, con ocasión del derribo del avión de Cubana en 1976, la realidad es que se mantenían barreras que dificultaban un amplio acercamiento entre los proverbiales rivales. Sin lugar a dudas, un obstáculo que posiblemente impedían el desarrollo de unas relaciones que fueran satisfactorias a ambas partes del conflicto era la manera en que se definían, desde el Estado revolucionario, el papel y la naturaleza de la religión y de los creyentes. Esas definiciones se exponen claramente en 1975 cuando se celebra el I Congreso del Partido Comunista de Cuba y en 1976 al adoptarse la nueva Constitución de la república. Si es verdad que en ambas ocasiones se reconoce el derecho de los ciudadanos a afiliarse a una religión, también es cierto que se limitan sus derechos, sobre todo los políticos, al exigir como requisito indispensable para pertenecer al PCC, partido único e instancia suprema de la sociedad, la profesión de fe en el marxismo-leninismo y en su ideología científica y materialista. De igual manera, la Constitución introduce un elemento de gran conflictividad para los creyentes católicos cuando postula en su Artículo 54 que la concepción materialista del universo será el fundamento en el que se alza el Estado socialista y la educación que este imparte. El propio Mons. Oves, en su alocución durante el Festival de la Juventud, destacó la dificultad que tenían los católicos cubanos para integrarse plenamente al proyecto revolucionario debido a estos postulados que eran contrarios a su fe.

Es muy posible que la Iglesia en Cuba tuviese que enfrentarse a otro problema que, de alguna forma, podía dificultar la vertebración entre la propia Iglesia y el Estado cubano. Se trata, en efecto, de las posiciones de los sectores que desde el catolicismo cubano no abrazaban a plenitud el principio y las bases sobre los que se intentaba acercar posiciones con el hecho revolucionario.

Los ejemplos de que esa resistencia existía son múltiples y uno de ellos puede encontrarse en los comentarios que según Raúl Gómez Treto, hicieron el grupo de seminaristas y sacerdotes jóvenes que asistieron en abril de 1971 a un conversatorio público que se llevó a cabo en La Habana durante la celebración del I Congreso Nacional de Educación y Cultura, actividad a la que también asistieron varios sacerdotes latinoamericanos y europeos cercanos a la Revolución cubana. Según Gómez Treto, laico católico militante en el llamado sector «progresista» de la Iglesia, los miembros de aquel grupo expresaron «su personal decepción por la alta 'politización' y escasa espiritualidad que les pareció que tenían los sacerdotes extranjeros presentes», comentario que le sirve a Gómez Treto para advertir a sus lectores que con tal ejemplo se podía obtener «una tónica de la actitud general del clero joven por entonces». El propio Gómez Treto abunda en la presencia de corrientes encontradas en la Iglesia cuando da a conocer en su texto la carta que, en 1974, escribió, en palabras del autor, «un reducido grupo de laicos católicos cubanos» a los obispos que asistían en Roma a la celebración del Sínodo Episcopal. En opinión de Gómez Treto, en la carta se expresaron críticas hacia «nuestra jerarquía, clero y organismos eclesiásticos», por ser ambiguos en sus expresiones y actos hacia los sectores más desfavorecidos de la sociedad latinoamericana; se reconocía, además, que aunque en Cuba existían voces solidarias con los pobres, estas constituían una excepción. Gómez Treto termina su alusión a este documento revelando, de forma clara, la división interna en la Iglesia cubana, pues informa que «la carta de estos católicos al Sínodo agudizó la desconfianza de los sectores más tradicionalistas y reaccionarios de la Iglesia hacia sus autores».

Aunque las diferencias apuntadas no desaparecieron, es evidente que el protagonismo logrado por la corriente que Gómez Treto caracteriza como «progresista» perderá mucho del terreno ganado durante la década que terminaba. A partir de 1978 y hasta 1981 tendrán lugar una serie de acontecimientos que darán mayor significación dentro de la Iglesia cubana a los sectores del catolicismo cubano que estaban menos comprometidos con el tipo de discurso con el que se asociaba al hasta entonces arzobispo de La Habana Mons. Francisco Oves.

La nueva coyuntura histórica tenía como uno de sus principales referentes la llegada del cardenal Karol Wojtyla al trono de San Pedro.

El 6 de agosto de 1978 fallecía en Roma el papa Pablo VI, provocando con su muerte todo el proceso de sucesión que llevaba, después del breve pontificado de Juan Pablo I, a la elección del cardenal polaco como nuevo Pontífice. Uno de los asuntos más importantes que estará marcado por la llegada de Juan Pablo II a la jefatura máxima de la Iglesia católica es el concerniente a la teología de la liberación. Ya su antecesor, Pablo VI, había mostrado preocupación por la exposición que esta doctrina teológica, tan identificada con América Latina y con la Conferencia de Medellín, estaba teniendo dentro de la Iglesia. El 8 de diciembre de 1975, Pablo VI emitía su Exhortación Apostólica *Evangelii nuntiandi* en la que reclamaba la necesidad de evitar la violencia «como medio de liberación». Fue precisamente en el contexto de este documento que el papa convocó a los prelados latinoamericanos a organizar la III Conferencia General del episcopado Latinoamericano, conferencia que se habría de celebrar en la ciudad mexicana de Puebla y que tuvo que ser pospuesta ante el fallecimiento de Pablo VI en 1978.

Con Juan Pablo II llegó un tiempo nuevo a la Iglesia. Esta conferencia de Puebla, había sido convocada por Pablo VI, pero su muerte y la de Juan Pablo I obligaron a posponerla. Juan Pablo convocó la Conferencia para el 27 de enero de 1979, confirmó a los presidentes ya designados y al secretario, y aumentó el número de participantes a 356. El tema propuesto por Pablo VI era *La Evangelización en el presente y en el futuro de América Latina* y sobre él se elaboró, primero, un Documento de Consulta, y luego el Documento de Trabajo. En ambos participó todo el episcopado latinoamericano.

Teólogos de la liberación y cristianos por el socialismo pregonaban que «en Puebla se haría el desmonte de [la Conferencia] Medellín». Pero se equivocaron, porque se inspiró en la gran exhortación *Evangelii Nuntiandi* de Pablo VI y no abandonó la doctrina de Medellín.

Poco antes de la apertura de la Conferencia, un grupo cubano de cristianos por la revolución, en la publicación de un extenso documento, expresaban que nadie se sintiera escandalizado o confundido cuando resuenen nuestras voces por boca de los obispos sobre cómo se vive una fe más purificada en una sociedad marxista. Pero las voces de los obispos cubanos no «resonaron» ni mucho ni poco en Puebla, seguramente porque al no poder decir la verdad íntegra prefirieron el testimonio del silencio. Similar frustración padecieron los demás grupos latinoamericanos de cristianos revolucionarios ante la consistente exposición doctrinal de la Conferencia sobre la pretendida alianza del Evangelio y el marxismo.

El nuevo papa, Juan Pablo II recogerá la preocupación que mostró su antecesor sobre la teología de la liberación y aprovechará la Conferencia de Puebla, por fin reunida en enero y febrero de 1979, para hacer importantes correcciones a la doctrina liberacionista; un distanciamiento que se comprueba en el «Mensaje a los Pueblos de América Latina» que emite la Conferencia, y en el que se concluye que la misión de la Iglesia es fundamentalmente espiritual: predicar la salvación, a la vez que señala de manera específica que «ahí se encierra la potencialidad de las simientes de liberación del hombre latinoamericano».

De acuerdo a Raúl Gómez Treto, Puebla tuvo una notable influencia sobre la Iglesia católica en Cuba. «Aunque menos progresista que Medellín de los sesenta», declara este autor, «Puebla fue más influyente en Cuba». Muchos de los obispos cubanos no se habían sentido muy identificados con el espíritu de Medellín, al menos eso declararían en una época posterior, ni eran de la opinión que los postulados fundamentales de la teología de la liberación se podían aplicar a la realidad de Cuba. De ahí que, probablemente, sintieran especial afecto por las enseñanzas que salían de Puebla. Además, esta Conferencia estaba muy conectada al nuevo pontífice, un hombre que provenía de un país comunista y que les podía proveer de unas referencias muy cercanas a las que ellos vivían en Cuba.

Una víctima de estas nuevas circunstancias sería el arzobispo de La Habana Mons. Oves quien sufriera un serio revés en la Conferencia de Puebla. De acuerdo a Raúl Gómez Treto, las gestiones que allí quiso fomentar el arzobispo de La Habana fueron bloqueadas «por diversos mecanismos consentidos por la Santa Sede y apoyadas por el CELAM dirigido por [el luego cardenal Alfonso] López Trujillo». Según este propio autor, gran admirador, por otro lado, de Mons. Oves a quien consideró como «el obispo que mostró una más lúcida, amplia y profunda comprensión del momento histórico en que ha vivido la Iglesia, durante la Revolución socialista cubana», cuando el arzobispo de La Habana regresó de Puebla a Cuba, «estaba prácticamente anulado», circunstancias que sirvieron para que Mons. Pedro Meurice, arzobispo de Santiago de Cuba, llevase a Roma la solicitud para deponer a Mons. Oves de su cargo eclesiástico.

La razón formal para solicitar la dimisión de Mons. Oves pudo haber sido el frágil estado de salud mental en que se encontraba el arzobispo de La Habana. Aunque Gómez Treto argumenta que en el origen de esta condición estuvieron, entre otras cosas, la falta de apoyo entre el episcopado cubano, la «incomprensión» del pro nuncio Mons. Mario Tagliaferri y «el rechazo o 'apatía' de la mayoría de los asistentes habituales a los templos», es posible que su renuncia estuviese condicionada por un conjunto de factores que incluían la falta de acoplamiento entre la postura asumida por él durante el tiempo que ocupó la mitra de la archidiócesis habanera y los nuevos tiempos de la Iglesia, además de estar contrapuesta al sentir de muchos de los que en Cuba constituían el Pueblo de Dios. Además se encontró con los cambios que desde Roma imponía a la Iglesia el papa Juan Pablo II, transformaciones que entraban en contradicción con las posiciones cercanas a la teología de la liberación que él había ido abrazando. Mons. Oves viajó a Roma a principio de 1980 y renunció a su cargo el 28 de marzo de 1981. Así partió de Cuba, junto a los prelados ya mencionados, el 5 de junio de 1979. Con esta decisión se le impidió a Mons. Oves el ejercicio del gobierno pastoral de su territorio eclesial. Nunca más volvió a Cuba.

Durante todo ese tiempo, la arquidiócesis de La Habana fue administrada interinamente por Mons. Meurice hasta que fue designado el nuevo arzobispo Mons. Jaime Ortega Alamino, quien era obispo de Pinar del Río desde enero de 1979. La elección de Mons. Ortega como arzobispo de La Habana marca el inicio de una nueva etapa en la historia de la Iglesia católica en Cuba.

¿Pero quién era este nuevo papa que con tanta fuerza llegaba?

Este nuevo cardenal que llegó al papado el 16 de octubre de 1978 era Karoll Wojtyla, y con su elección, se rompió una tradición que había durado 455 años, siendo el primer sumo pontífice que no era italiano. Llegaba un tiempo nuevo a la Iglesia. Sin olvidar un intento de asesinato el 13 de mayo de 1981 en la plaza de San Pedro y de sus 78 años, el papa Juan Pablo II era un trabajador incansable.

En sus 19 años al frente de los destinos de la Iglesia Juan Pablo II viajó a más de 150 países y recorrió alrededor de 930 000 kilómetros. Una distancia que dobla la que separa la tierra de la luna. Estados Unidos y Polonia fueron las naciones más visitadas.

La salud de Juan Pablo II se encontraba bastante quebrantada. Había sufrido varias operaciones: extirpación de un tumor, precanceroso del colon del tamaño de una naranja; y dislocación del hombro derecho que le produjo una leve fractura.

El papa solía comenzar sus actividades a las 5:30 de la mañana. Una hora y media más tarde, después de sus primeras oraciones y meditación, celebraba la misa en su capilla privada.

La misa de las siete de la mañana la decía en presencia de 50 invitados provenientes de todo el mundo. Para estar presente se requería una invitación del secretario privado del papa monseñor Estanislao Dziwisz más conocido como don Stanislao.

Dziwsz era el hombre más cercano al papa, su hombre de confianza. Estuvo a su lado durante treinta años, primero en Cracovia y después en el Vaticano. Al ser elegido papa fue la única persona que se llevó para Roma. Era su mano derecha, consejero y confidente.

También se encontraban muy cerca del papa cinco polacas, hermanas de la Congregación de Jesús. Vivían recluidas en el servicio del papa. Incluso en el Vaticano era imposible verlas por pasillos o jardines.

Sor Fernanda se encargaba de las compras. Sor Matilde era la responsable de la ropa. Sor Eufrosyna se encargaba de la correspondencia privada del papa y Sor Germana era la cocinera.

El papa no acostumbraba a desayunar solo. Lo hacía frugalmente. Le gustaba el queso, la ensalada y los postres polacos para cenar. Después del desayuno se iba a su estudio donde tenía reuniones con sus colaboradores más cercanos para discutir la agenda del día. Posteriormente se cerraban las puertas y quedaba totalmente solo. A nadie le estaba permitido entrar. Era el momento de reflexión, pensamiento creativo y producción escrita.

A las once de la mañana comenzaba sus audiencias, que se encontraban divididas en tres categorías: oficiales, privadas y generales o públicas.

Las oficiales eran las que concedía a jefe de Estados, presidentes, reyes, primeros ministros y embajadores. Estas audiencias eran programadas por el cardenal Ángel Sodano, número dos en la Santa Sede y casi siempre se celebraban en la biblioteca privada de Juan Pablo II.

Las privadas estaban dirigidas a personalidades de la vida cultural, intelectual, económica y social. Muchos de estos encuentros eran solicitados con un año de anticipación y pasaban por el filtro del monseñor Dziwisz.

Durante el año el número de audiencias privadas del papa fluctuaban entre las 450 y 500.

Los miércoles el papa tenía una audiencia general abierta al público y los asistentes debían tener el visto bueno del cardenal Dino Monduzzi, prefecto de la Casa Pontifica,

La audiencia se celebraba en la moderna sala Pablo VI. Si el público era numeroso se efectuaba en la Plaza y en la Basílica de San Pedro. Al finalizar la ceremonia los asistentes que habían sido ubicados en la primera fila eran conducidos a saludar a Juan Pablo II.

Esta audiencia de los miércoles se celebraba incluso durante sus vacaciones de verano en Castel Gandolfo, excepto cuando se encontraba fuera del país. Se estima que en los casi veinte años que llevaba en el solio pontificio, aproximadamente quince millones de personas habían pasado por las audiencias generales del papa.

El papa también daba mucha importancia a las visitas *Ad limina Apostolorum* de los obispos provenientes de todo el mundo. Estos encuentros eran realizados por los obispos cada cinco años.

Siempre almorzaba acompañado. Invitaba a sus huéspedes a una comida de trabajo. Casi todos los miércoles los compartía con el cardenal Camillo Ruini, su vicario general en la diócesis de Roma.

Otro asiduo a la mesa del papa era el portavoz del Vaticano, el español Joaquín Navarro a quien se le consideraba una de las personas de mayor intimidad de Juan Pablo II.

Después de la comida descansaba treinta minutos. Posteriormente realizaba una hora de ejercicios físicos. También realizaba paseos meditativos con el breviario y el rosario en la mano en la soleada terraza del Palacio Apostólico.

En la tarde trabajaba en su estudio y a las 6:30 sostenía reuniones administrativas con los oficiales de la Curia. El cardenal secretario de Estado Ángelo Sodano, el arzobispo Giovanni Battista Re, secretario para los «asuntos generales de la Iglesia», mantenían reuniones dos veces por semana con el papa.

El prefecto de la Congregación de los obispos, el cardenal Bernardin Gantin, el prefecto de la Congregación para la doctrina de la fe, el cardenal Joseph Ratzinger y monseñor Jean-Louis Tauran, secretario para las Relaciones con los Estados, se encontraban semanalmente con el Pontífice para discutir sus respectivos problemas.

En la cena siempre tenía huéspedes y al finalizar regresaba a su estudio para revisar informes, los que casi siempre devolvía con correcciones. Le gustaba leer todos los documentos aunque no llevasen su firma. Todos sus escritos y discursos los redactaba en polaco y posteriormente eran traducidos al idioma correspondiente.

Antes de ir a la cama, dedicaba treinta minutos a la lectura y posteriormente rezaba las oraciones de la noche en su capilla privada. Alrededor de las once se apagaban las luces del apartamento papal. Por último, hemos de decir que al resbalar en el cuarto de baño de su habitación sufrió una fractura transcervical completa debajo de la cabeza del fémur derecho y fue necesario colocarle una prótesis. Estos, más otros datos desconocidos por nosotros era lo que Fidel sabía del nuevo papa, un peligro para él.

El nuevo papa Juan Pablo II recogería la preocupación que mostró su antecesor sobre la teología de la liberación y aprovecharía la Conferencia de Puebla, reunida en enero y febrero de 1979, para hacer importantes correcciones a la doctrina liberacionista; un distanciamiento que se comprobó en el «Mensaje a los Pueblos de América Latina» que emitió la Conferencia, y en el que se concluyó que la misión de la Iglesia era fundamentalmente espiritual: predicar la salvación, a la vez que señaló de manera específica que «ahí se encierra la potencialidad de las simientes de liberación del hombre latinoamericano».

De acuerdo con Raúl Gómez Treto, Puebla tuvo una notable influencia sobre la Iglesia católica en Cuba. «Aunque menos progresista que Medellín de los sesenta», declara este autor, «Puebla fue más influyente en Cuba». Muchos de los obispos cubanos no se habían sentido muy identificados con el espíritu de Medellín, al menos eso declararían en una época posterior, ni eran de la opinión que los postulados fundamentales de la teología de la liberación se podían aplicar a la realidad de Cuba. De ahí que, probablemente, sintieran especial afecto por las enseñanzas que salían de Puebla. Además, esta Conferencia estaba muy conectada al nuevo pontífice, un hombre que provenía de un país comunista y que les podía proveer de unas referencias muy cercanas a las que ellos vivían en Cuba.

De acuerdo con Raúl Gómez Treto, las gestiones de Oves que allí quiso fomentar el arzobispo de La Habana fueron bloqueadas.

La razón formal para solicitar la dimisión de Mons. Oves según Gómez Treto, fue la falta de apoyo entre el episcopado cubano, la «incomprensión» del pronuncio Mons. Mario Tagliaferri y «el rechazo o apatía de la mayoría de los asistentes habituales a los templos», es posible que su renuncia estuviese condicionada por un conjunto de factores que incluían la falta de acoplamiento entre la postura asumida por él durante el tiempo que ocupó la mitra de la arquidiócesis habanera y los nuevos tiempos de la Iglesia, además de estar contrapuesta al sentir de muchos de los que en Cuba constituían el Pueblo de Dios.

Se encontró además con los cambios que desde Roma imponía a la Iglesia el papa Juan Pablo II, que entraban en contradicción con las posiciones cercanas a la teología de la liberación.

El nuevo período histórico que se inicia en el catolicismo cubano a partir de estos acontecimientos no implica una ruptura radical con el pasado inmediato de la Iglesia católica en Cuba. Una continuidad con ese período que se dejaba atrás al comenzar la década de los ochenta es el empeño de la Iglesia de continuar manteniendo el mejor régimen de relaciones con el Estado cubano. Para eso, los pronunciamientos y gestos reconociendo algunos aspectos positivos gestados desde el gobierno de la nación y considerados por la Iglesia como beneficiosos para la sociedad, seguirán promoviéndose durante la etapa que se abría en aquella coyuntura. De igual forma, la Iglesia no dejará de criticar políticas y actos externos que podían interpretarse como dañinos al país, tal es el caso del embargo económico que Estados Unidos practicaba en sus relaciones con Cuba. También en este acápite se puede señalar el empeño de la Iglesia por desarrollar todo un discurso nacionalista, en evidente convergencia con el elaborado desde el Estado, que evidenciara la identidad cubana del catolicismo en Cuba.

Lo particular para el catolicismo cubano a partir de los comienzos de los años ochenta era la clara intención de la Iglesia por mostrarse como un ente social autónomo, es decir, como una institución que, tomando conciencia de una realidad propia que desborda los intereses del Estado, diseñará su propia estrategia al margen de este; eso sí, asumiendo, al menos por un tiempo, que su trabajo en Cuba estará condicionado por el carácter permanente del fenómeno revolucionario.

La ocasión donde se definirá la nueva trayectoria de la Iglesia católica en Cuba sería el Encuentro Nacional Eclesial cubano (ENEC) celebrado del 17 al 23 de febrero de 1986, una reunión que congregó a miembros de la jerarquía eclesiástica cubana, del clero, de religiosos y del laicado, y que fue precedida por un extenso período de diálogo y discusión llamado la Reflexión Eclesial Cubana (REC) en la que estos mismos protagonistas fueron elaborando una propuesta pastoral para Cuba.

El ENEC tiene como matriz la Conferencia de Puebla, la cual anima, como propone Manuel Fernández Santalices, a «una nueva dirigencia eclesiástica», que incluye a «un episcopado más joven y menos marcado por las actitudes críticas», a «poner a la Iglesia cubana en pie de reflexión». En el seno de la Iglesia parece que fue importante el texto «Reflexión Cristiana para una Teología y una Pastoral de la Reconciliación en Cuba» suscrito por el padre René David, un sacerdote de origen francés que era profesor en el Seminario San Carlos y San Ambrosio y el apoyo que le diera a la idea de promover una renovación en la Iglesia cubana, un «Puebla en Cuba». El punto de arranque se fraguó en sendas Conferencias Sacerdotales celebradas en El Cobre en 1979 y 1980 respectivamente; ya en agosto de este último año, la Conferencia Episcopal le da el visto bueno a la iniciativa de manera que la Reflexión comienza formalmente en 1981, año en el que Mons. Jaime Ortega sería designado arzobispo de La Habana.

No se puede iniciar la consideración de esta etapa sin aludir al famoso Éxodo del Mariel que tuvo lugar en Cuba entre abril y septiembre de 1980. La Iglesia en Cuba remitió un documento privado a las autoridades del país denunciando los atropellos cometidos en los actos de repudio contra muchos cubanos que buscaban la salida del territorio nacional, pero a la vez ella llevó a cabo en esa ocasión una reflexión importante sobre el fenómeno de la opción migratoria. En un documento que firmó Mons. Pedro Maurice, todavía Administrador Apostólico de La Habana, queda claro que para la Iglesia, que respeta la libre decisión de sus fieles y de todos los cubanos de si quieren permanecer en el país, su misión estaba dentro de Cuba y permanecer «en el pueblo para servicio y salvación de todos los hombres», un principio que sería ratificado en el ENEC y que constituye uno de los fundamentos de su nueva orientación pastoral. Otro lo sería el deseo o «la ilusión», como le llama el entonces presidente de la Conferencia Episcopal de Cuba Mons. Adolfo Rodríguez, «de servir mejor a nuestro pueblo», de ahí que el Encuentro definiera la labor de la Iglesia en Cuba como de naturaleza «misionera».

Con esta definición solamente se anunciaba una nueva etapa para la Iglesia católica en Cuba, sobre todo para el tiempo de Revolución que corría desde 1959, ya que con esta declaración la Iglesia afirmaba su propósito de actuar en el pueblo, y al hacerlo rompe públicamente con la idea que sobre el papel de la religión se tenía en el Estado revolucionario, es decir, algo de carácter privado. No debe extrañar, pues, que a partir de este momento, y comenzando con la exhortación que el propio Pontífice Juan Pablo II les transmite a los obispos cubanos que le visitaban en 1983 con motivo de la visita *ad limina Apostolorum*, la Iglesia en Cuba hiciera constantes reclamos de espacios de libertad para poder cumplir a cabalidad con su misión pastoral. Se debe advertir que la propia Iglesia, que establece como uno de sus objetivos en Cuba ser «la Iglesia de la esperanza», afirmó, a través de Mons. Adolfo Rodríguez, «que no quiere sentirse enemiga de nadie» y que hace del «diálogo» un instrumento fundamental para poder llevar a cabo su misión.

La Iglesia cubana sale del ENEC con una «teología de la comunión» diseñada para promover la unión de todos los cubanos a través del amor. El propio Portada recoge una cita de un discurso pronunciado años más tarde, en 2006, por el cardenal Jaime Ortega y en la que se afirma que la teología de la comunión elaborada durante el ENEC rechazaba, por un lado, a la teología de la liberación y por otro a la teología de la reconciliación tal y como la propuso el padre René David.

La razón para descartar la primera era, entre varias, porque no reflejaba las realidades de Cuba, no estimulaba a los católicos cubanos, porque algunos la utilizaban para promover una corriente cristiana de análisis marxista y otros para estimular la violencia como forma de alcanzar sus objetivos. Sobre la teología de la reconciliación, la cita explica que la tesis del Padre René David buscaba resolver las contradicciones entre cristianos y marxistas, lo cual, apuntó el cardenal, era necesario pero insuficiente, ya que para Cuba lo que hacía falta era incitar el entendimiento entre todos los cubanos.

De nuevo, la cita del cardenal Ortega es reveladora ya que pone de manifiesto el sentir de la Iglesia en tiempo del ENEC. A partir de aquel momento el catolicismo cubano percibe a la sociedad cubana como ideológicamente plural, implicando la necesidad de que Cuba evolucionase hacia un estado político que, contrario al postulado por los presupuestos ideológicos de la Revolución cubana, se organizara de acuerdo con esa realidad plural. En ese mismo contexto se debe afirmar que con el ENEC la Iglesia en Cuba recupera el énfasis en los principios de dignidad y libertad individual que habían quedado arrinconados en su discurso público anterior a los ochenta. De esa forma, y como plantea Portada, en esa iglesia, y desde aquel momento, se propone una manera alternativa de ver el mundo, muy diferente a la propuesta desde la Revolución.

Esta fue una época, que a pesar de que el II Congreso del PCC reiteró la política que sobre la religión se había aprobado durante el I Congreso, se puede caracterizar como de cierto «deshielo» en las relaciones entre la Iglesia católica en Cuba y el Estado cubano, al menos ese es el término que utiliza el obispo de Camagüey y presidente de la Conferencia Episcopal, Mons. Adolfo Rodríguez para referirse, en 1985, al estado de esas relaciones.

Ya en 1983, Mons. Jaime Ortega, arzobispo de La Habana, había declarado en la revista *Bohemia* que las autoridades cubanas habían otorgado las necesarias facilidades «para la reconstrucción de templos, la adquisición de medios de transporte para sacerdotes y religiosas», a la vez que reconocía «el apoyo oficial a las obras asistenciales de las congregaciones religiosas».

Es muy probable que la Iglesia contribuyera a fomentar ese clima de distensión mediante un conjunto de gestos que buscaban la colaboración entre ella y el gobierno cubano, sobre todo en asuntos relacionados con la promoción del bien común de los cubanos. Un ejemplo de lo que se propone se encuentra en la visita que en 1984 hiciera a Cuba el arzobispo de Lille y presidente de la Conferencia Episcopal de Francia, Mons. Jean Vilnet. De acuerdo a Gómez Treto, el objetivo de la presencia en Cuba de este prelado de la Iglesia no era otro que

> ...formalizar la donación al gobierno cubano de una alta suma de dinero en moneda convertible, destinada a colaborar en la financiación de los planes del gobierno cubano en la estructuración y desarrollo de la red nacional de escuelas especiales para niños sordomudos y minusválidos.

Algo parecido hacía Su Santidad Juan Pablo II al donar $20,000 para paliar los daños causados en Cuba por el paso del huracán Kate en 1985. Mientras tras tanto, y como reflejo de los pasos que se daban desde el Estado para propiciar un encuentro con la Iglesia católica cubana, se puede citar la publicación en 1985 del libro *Fidel y la religión* que recoge una larga entrevista entre el máximo dirigente de la Revolución cubana y el religioso católico brasileño Frei Betto. Fidel Castro asumió una visión sobre las relaciones con la Iglesia y sobre la religión mucho más positiva de las que previamente él había expresado o la defendida por el Partido Comunista.

En ese contexto de «deshielo» tuvo lugar la visita a Cuba de una delegación de la Conferencia de Obispos Católicos de Estados Unidos encabezada por su presidente Mons. James Malone. La misma tuvo lugar en enero de 1985 y durante ella los prelados norteamericanos se entrevistaron con Fidel Castro y con otros funcionarios del gobierno y del Partido Comunista de Cuba. Gómez Treto afirma que estos encuentros fueron responsables de promover el diálogo entre la Iglesia y el Estado en Cuba, dato que queda corroborado por el hecho de que «se acordó una próxima reunión de trabajo entre ellos, la cual se realizó en noviembre del propio año» y por el reconocimiento que hará años después el futuro cardenal Jaime Ortega. De acuerdo a Fernández Santalices, estas reuniones, en las que participaron una delegación del episcopado cubano y Fidel Castro, fueron dos, una en septiembre y otra en noviembre, y en la primera de las mismas se discutió el sensible asunto de los presos políticos. También como parte de aquel proceso de acercamiento hay que señalar la participación de la jerarquía católica en la Conferencia Internacional sobre la deuda externa, una reunión convocada por las autoridades cubanas en 1985. Gómez Treto es de la opinión que en aquella conferencia se dio lo que él llama el «primer acto de una relativa colaboración honesta» entre la Iglesia y el Estado cubano. Al concluir la misma, la Conferencia Episcopal cubana emitió un documento titulado «Orientaciones del Magisterio Eclesiástico acerca de la Deuda Externa y el Nuevo Orden Económico Internacional», en el que hacía referencias críticas sobre la manera en que la deuda externa gravitaba sobre los países deudores.

Otro ejemplo del notable acercamiento que se estaba gestando entre la Iglesia y el Estado en Cuba durante el período de tiempo que conduce al ENEC es la imposición que hace el rector de la Universidad de La Habana de una condecoración al cardenal Eduardo Pironio, representante del papa en el ENEC. El acto tuvo lugar durante la celebración de un homenaje al Padre Félix Varela en el Aula Magna de la referida universidad, recinto en donde precisamente descansan los restos del notable presbítero; un acto que según Fernández Santalices, llevó a un periodista italiano, representante de una publicación católica, a escribir que «después de tantos años la Iglesia católica (es) acogida con honores y reconocimientos oficiales». Habría que añadir, que la ocasión contenía un alto valor simbólico para las relaciones entre la Iglesia católica en Cuba y el Estado cubano, ya que el acontecimiento tenía como eje central a Félix Varela, figura de convergencia entre la Iglesia católica y el Estado cubano. No debe asombrar, entonces, que a la clausura del ENEC asistiera una delegación del gobierno cubano presidida por el viceministro de Relaciones Exteriores, Ricardo Alarcón, y el Embajador de Cuba ante la Santa Sede, Manuel Estévez. Con esta presencia se consagraba ese difícil y lento proceso de acercamiento que se había iniciado desde la década anterior.

No obstante los avances obtenidos en las relaciones entre la Iglesia católica y el Estado cubano, en 1987 parece darse un estancamiento momentáneo en tal sensible proceso; al menos es lo que refleja un documento de la época suscrito por el arzobispo de La Habana. En un informe que le dirige al Consejo Diocesano de Pastoral, Mons. Ortega declaró que hechos posteriores indican que aquel breve impasse quedó superado pronto. En ese mismo año de 1987 la Iglesia alemana, a través de su organismo «Misereor», (es la Obra episcopal de la Iglesia católica alemana para la cooperación al desarrollo) envió ayuda a Cuba con el propósito de contribuir a la formación de niños con deficiencias, y la contribución se hace llegar al Comité Estatal de Colaboración Económica. A la vez, el gobierno cubano le dejó saber a las autoridades eclesiásticas de Cuba que harían una revisión de los textos escolares para eliminar las «expresiones ofensivas contra la Iglesia católica y la fe cristiana». Mientras tanto, los arzobispos de La Habana y Santiago de Cuba y el obispo de Camagüey, entonces presidente de la Conferencia Episcopal, hicieron un importante viaje al exterior, específicamente a Estados Unidos y Canadá, donde se reunieron con funcionarios del gobierno norteamericano con el propósito de conversar sobre unas gestiones que se llevaban a cabo con el gobierno cubano y cuyo propósito era propiciar la liberación de presos políticos cubanos. Según el relato que hace Fernández

Santalices de esta iniciativa de la Iglesia cubana a través de estos tres prelados, lo conversado por ellos en Estados Unidos trató, entre otras cosas, de la futura ubicación de quienes fuesen excarcelados y de sus respectivas familias, del «levantamiento del embargo a Cuba en lo referente a medicinas por razones humanitarias», asunto este que relacionaron con «un diálogo más amplio entre los dos gobiernos». Sobre estos esfuerzos hablaron los obispos de Cuba en su Mensaje de Navidad de aquel año de 1987 a la vez que, continuando con un tema tan sensible como el de la migración, volvieron a hacer énfasis en el deseo de la Iglesia cubana de que sus fieles descartasen «cualquier proyecto de emigrar».

Los dos años que faltaban para terminar la década de los ochenta pasaron sin grandes sobresaltos en la historia de las relaciones entre la Iglesia católica en Cuba y el Estado cubano, no obstante, con motivo del Caso Ochoa, ocurrido en 1989, el arzobispo Ortega publicara en la hoja *Aquí la Iglesia*, una reflexión exponiendo la oposición de la Iglesia a la pena de muerte. Se destacan las visitas que en 1988 hicieran a la isla el cardenal John J. O'Connor, arzobispo de Nueva York, y, a finales del año, la del cardenal francés Roger Etchegaray. Sobre la primera, que incluyó un encuentro de tres horas entre el cardenal O'Connor y Fidel Castro, el cardenal Ortega ha dicho que fue de gran importancia para las gestiones que se llevaban a cabo en relación con la liberación de los prisioneros políticos; y con la segunda se iniciaba el proceso para preparar una posible visita de Su Santidad Juan Pablo II a Cuba.

También en ese año Fidel Castro invitó al arzobispo Fiorenzo Angelini, presidente de la Comisión para la Pastoral Sanitaria, a que participara en un Congreso de Ministros y Trabajadores Sanitarios de los Países Socialistas que se celebraría en Cuba. Ya en la isla, el arzobispo Angelini supo por boca de su anfitrión, que se le permitiría la entrada al país «a un mayor número de religiosas, enfermeras y asistentes sociales católicas». Así mismo, se anunció que 20 sacerdotes habían recibido autorización para entrar en Cuba a ejercer su ministerio. En cuanto a la posible visita del papa Juan Pablo II a Cuba, los acontecimientos de 1989 relacionados con este asunto también parecían auspiciosos. Tanto el arzobispo Ortega, presidente de la Conferencia de Obispos, como el director de Asuntos Religiosos del Comité Central del PCC, José F. Carneado, se trasladaron a Roma para presentarle sendas invitaciones, una a nombre de la Iglesia y otra a nombre de las autoridades civiles del país, a fin de que emprendiera una próxima visita a la isla caribeña. Pero en ese mismo año comenzaba el desplome del mundo socialista, proceso que traería graves consecuencias para Cuba y que tendría el efecto colateral de enrarecer el buen clima que permeaba hasta entonces las relaciones entre la Iglesia católica y el Estado cubano.

En efecto, una víctima de ese deterioro en el sistema de relaciones que vinculaba a la Iglesia en Cuba y al Estado cubano fue el viaje del papa a Cuba, el cual quedaría suspendido al anunciar la prensa cubana que no existían condiciones para la misma y al declarar Fidel Castro que había sido un «error del Vaticano» el anuncio de que la visita seria en diciembre de ese año, 1990. De igual manera, hay que consignar que unas declaraciones hechas por Fidel Castro en Brasil y en las que criticaba duramente a la Jerarquía eclesiástica cubana, contribuyeron al retroceso que parecía caracterizar a ese régimen de relaciones. De acuerdo a Fernández Santalices, «alguna prensa asegura que esta reacción del presidente cubano la motiva una comunicación que le dirigiera la Conferencia Episcopal cubana, en privado, en la que los obispos exhortaban al gobierno a tomar medidas democratizadoras».

Es decir, al imponerse en Cuba un contexto de crisis debido a las consecuencias derivadas del desplome del socialismo, una coyuntura que había obligado al gobierno de Cuba a declarar el inicio de lo que llamó el «Período Especial», se produjo la vuelta hacia un ambiente de cierta desconfianza entre la Iglesia y el Estado cubano, era en parte provocada por las incertidumbres y problemas que sufrió el régimen cubano al comenzar la década, pero también fue responsable de ello esa condición de sujeto autónomo que se manifiesta de forma notoria en la Iglesia cubana a partir del ENEC. La publicación, en 1993, del Mensaje de la Conferencia de Obispos Católicos de Cuba, «El amor todo lo espera», a la vez que se deterioraron las condiciones económicas del país, crearán una coyuntura de prueba que hará surgir el interrogante de si volvía a entronizarse la confrontación como eje de las relaciones entre la Iglesia y el Estado en Cuba.

Mientras tanto tuvieron lugar dos acontecimientos a los que la Iglesia tendría que responder, ya que aludían a un asunto sobre el que la Jerarquía católica cubana había hablado en varias ocasiones: la confesionalidad atea del Partido Comunista de Cuba y del Estado cubano. La primera se dilucida durante el IV Congreso del PCC celebrado en el mes de octubre de 1991 cuando esa entidad política decide admitir a creyentes dentro de sus filas y la segunda tiene que ver con la modificación que se le hace a la Constitución de la República al año siguiente y se sustituye el ateísmo del Estado por una afirmación de laicismo. Sobre el primer punto los obispos cubanos respondieron mediante una circular en la que declararon que la resolución del PCC era «un paso positivo» pero que requería de ciertas aclaraciones que ellos exponen en su documento. No obstante, los prelados también advirtieron que a los católicos les «era moralmente imposible pertenecer a dicho partido si «el

PCC sigue conservando su ateísmo integral y explicación de la realidad física, personal, social y política basada en los postulados del materialismo». En cuanto a la reforma constitucional referente a eliminar la profesión de ateísmo por parte del Estado, fue el arzobispo de Santiago de Cuba, Mons. Pedro Meurice, quien expresó el sentir de la Iglesia cubana al celebrar el cambio señalado. Para el prelado santiaguero, la confesionalidad atea del Estado era algo «que se oponía a que fuéramos un solo pueblo», condición que, al ser eliminada le permitía retomar la propuesta de la Iglesia sobre la necesidad de que se reconozca el derecho de todos a participar en la solución de los problemas del país, sin que opere discriminación alguna.

Otro punto positivo para las relaciones entre la Iglesia y el Estado cubanos fue el permiso que otorgó el gobierno en 1990 para que la agencia de asistencia social de la Iglesia, Caritas, pudiera intervenir en Cuba, lo que no impidió que la Iglesia condenara de manera firme los actos de repudio que se llevaron a cabo contra grupos de ciudadanos insatisfechos con el deterioro de las condiciones de vida en Cuba al inicio del Período Especial. De igual manera, la Iglesia, por medio de sus obispos, criticó las protestas que desafectos al gobierno perpetraron en esos días de crisis en varios templos católicos así como la violencia utilizada dentro de estos mismos recintos por fuerzas del gobierno para reprimir a los que protestaban. En ese sentido la Jerarquía católica dejaba clara su posición de que los templos no podían ser utilizados como espacios para actos de naturaleza política. La Iglesia hablaba con voz propia y expresaba su sentir sobre múltiples aspectos que afectaban la vida de los cubanos, eso sí, abordándolos siempre desde una plataforma ética; desde ella, por ejemplo, condenó ese año las medidas aprobadas por el Congreso de Estados

Unidos y conocidas como la Ley Torricelli, que recrudecía el embargo económico a Cuba. En 1992 la Archidiócesis de La Habana inició la publicación de la revista *Palabra Nueva* y fue en ese año que el cardenal Roger Etchegaray volvió de visita a Cuba y expresó el deseo de que la Iglesia cubana tuviese cada vez más, un espacio reconocido para ejercer su acción propia al servicio de los pobres.

El 8 de septiembre de 1993, día en que se celebra la fiesta de la Patrona de Cuba, la Virgen de la Caridad, los obispos cubanos emitieron su Mensaje «El amor todo lo espera», una actualización de los postulados del ENEC a la luz de la crisis del socialismo y de los graves problemas que confrontaba el país en esos tiempos. Uno de los postulados sobre los que se fundamentaba la reflexión contenida en el documento era el convencimiento que había adquirido la Jerarquía eclesiástica de que, al contrario de lo que se llegó a pensar durante la época precedente, el fenómeno revolucionario en Cuba era frágil y perdía el carácter de permanencia que se le había otorgado con anterioridad.

Esta certeza permitió a los obispos cubanos elaborar una crítica. Al mismo tiempo se enfrentaba a un presupuesto fundamental del régimen político que prevalece en Cuba: la sociedad sería dirigida por un único partido, en este caso el comunista. Si con el ENEC la Iglesia en Cuba expresaba su intención de ser un agente activo en la sociedad en la que se encontraba encarnada, con «El amor todo lo espera» da testimonio de que quiere cumplir a cabalidad con esa misión:

Carta Pastoral «El amor todo lo espera»

Mensaje de la Conferencia de Obispos Católicos de Cuba, dado a conocer en septiembre de 1993.

Queridos sacerdotes, diáconos, religiosos, religiosas, laicos católicos y cubanos todos:

Comenzamos nuestro mensaje invocando a la Patrona de Cuba. No por casualidad lo dirigimos a ustedes en el día en que todo el pueblo cubano se alegra, lleno de amor y de esperanza, celebrando la fiesta de que con tanto afecto filial llamamos: Virgen del Cobre, Madre de los cubanos, Virgen de la Caridad.

En esta fecha hacemos llegar este mensaje a todos nuestros hermanos cubanos, pues a lo largo de casi cuatro siglos los cubanos nos hemos encontrado siempre juntos, sin distinción de razas, clases u opiniones, en un mismo camino: el camino que lleva a El Cobre, donde la amada Virgencita, siempre la misma aunque nosotros hayamos dejado de ser los mismos, nos espera para acoger, bendecir y unir a todos los hijos de Cuba bajo su manto de madre. A sus pies llegamos sabiendo que nadie sale de su lado igual a cómo llegó. Allí se olvidan los agravios, se derrumban las divisiones artificiales que levantamos con nuestras propias manos, se perdonan las culpas, se estrechan los corazones.

Al empezar queremos recordar aquellas palabras que San José escuchó del ángel: «No temas recibir a María en tu casa» (Mt. 1, 20), y en aquellas otras palabras claves que pronunció la misma María refiriéndose a su Hijo: «Hagan lo que Él les diga» (Jn. 2, 5). Si sabemos acoger a María, ella nos llevará hasta Jesús.

A los Obispos Cubanos nos parece providencial que los dos signos religiosos más populares de nuestro pueblo sean la devoción a la Virgen de la Caridad y la devoción al Sagrado Corazón de Jesús, es decir, Jesucristo definido para los cubanos por el corazón, símbolo del amor, y María definida por su título de la Virgen de la Caridad que es lo mismo que decir Virgen del Amor. En efecto, ¿quién no recuerda en Cuba aquel tradicional y popular cuadro del Sagrado Corazón o aquella estampa de la Virgen de la Caridad presidiendo en la sala la vida de la familia cubana? Esto es un signo de nuestra cultura, una cultura marcada por el corazón hecho para el amor, la amistad, la caridad, que ha generado un cubano proverbialmente conocido en todo el mundo por su carácter amistoso, afable, poco rencoroso o vengativo, que antes se saludaba muy sinceramente con la nota simpática de este vocativo: ¡mi familia! La familia: el lugar de la fiesta, de la confianza, de la reconciliación, del amor, donde todo el mundo se siente bien, se desarma y baja sin miedo la guardia, porque el hogar es el puerto seguro donde se calman todas las tempestades. Así, como una gran familia, ha sido siempre nuestro pueblo.

Al amor de Jesús y al amor de María debe la gran familia cubana muchas cosas bellas y buenas. Pensar en el Corazón de Jesús, creer en El, es rendir culto al amor. Confiar, esperar en la Virgen de la Caridad es confiar y esperar en el amor.

Por tanto, con San Pablo «pedimos de rodillas ante el Padre, de quien toda familia toma su nombre… que nos conceda, según la riqueza de su gloria, ser poderosamente fortalecidos en nuestro interior por la fuerza del Espíritu Santo para que Cristo habite mediante la fe en nuestro corazón, a fin de que el amor sea la raíz y el fundamento de la vida y seamos capaces de comprender, con todo el pueblo de Dios, cuál es la anchura y la largura, cuál es la altura y la profundidad del amor de Cristo que sobrepasa todo conocimiento humano» (Ef. 3, 14-20).

Amar es la única manera que tiene Dios de ser. Y ese gran amor que Dios nos tiene a todos reclama, como respuesta, nuestro amor a El. El amor a Dios en el cristiano se entiende así como la respuesta de un corazón agradecido que no cesa de alabar a Dios con una gratitud sin límites. Amamos a Dios porque «El nos amó primero» (1 Jn. 4, 19), porque «solo El es bueno» (Lc. 18, 19), y este amor a Dios debe fundar las exigencias del amor en muchas direcciones, desde el amor al amigo, que es el amor más fácil, hasta el amor al enemigo, que es el amor más difícil.

«Ámense unos a otros» (Jn. 13, 34). Dios nos manda amar y este es un mandamiento muy exigente porque, casi siempre, lo contrario nos resulta más accesible. Sin embargo, solo en el amor podemos encontrar a Dios y encontramos, a la vez, a nosotros mismos y a los demás hombres.

La razón de la relación estrecha que aparece en todo el Evangelio entre el amor a Dios y el amor al prójimo, está plasmada en dos mandamientos distintos, que Jesús declara iguales: «Amarás al Señor tu Dios con todo tu corazón, con toda tu alma y con toda tu mente, este es el mandamiento más importante y el primero de todos; pero hay un segundo mandamiento igual que este: amarás a tu prójimo como a ti mismo.

En estos dos mandamientos se resume toda la ley y los profetas» (Mt. 22, 37-40). «Este mandamiento de El tenemos: que quien ama a Dios ame también a su prójimo» (1 Jn. 4, 21). «Si alguno dice que ama a Dios pero odia a su prójimo es mentiroso» (1 Jn 4, 20). Es decir, el amor a Dios se verifica en nosotros por el amor al prójimo. Este amor cristiano no se reduce solo a actos, sino que implica una actitud fundamental ante la vida.

Es muy significativo que el querer de Dios en el primer día de la creación haya sido este: «No es bueno que el hombre esté solo» (Gén. 2, 18), y que la pregunta de Dios al hombre recién creado haya sido esta: «¿Dónde está tu hermano?» (Gén. 4, 9), con lo cual el Señor funda la sociedad doméstica y toda la sociedad humana sobre una relación de amor y establece que dicha relación es anterior a toda otra, sea económica, política o ideológica. Por eso San Pablo nos dice que si trasladamos montañas, si lo sabemos todo, si lo damos todo a los pobres, pero no tenemos amor, de nada nos sirve (1 Cor. 13).

La columna, pues, que sostiene firme el desarrollo de la familia y de la sociedad es el amor Una sociedad más justa, más humana, más próspera, no se construye solamente trasladando montañas o repartiendo equitativamente los bienes materiales, porque entonces aquellas personas que reciben una misma cuota de alimentos serían los más fraternos y la experiencia nos confirma, lamentablemente, que a veces no es así.

Los problemas del hambre, la guerra, el desempleo, son grandes en el mundo, pero la falta de amor fraterno, y más aún el egoísmo y el odio, son más graves y, en el fondo, la causa de los demás problemas. Porque el hombre necesita del pan para vivir, pero «no solo de pan vive el hombre» (Lc. 4, 4).

Cuando pensamos en el amor nos viene casi siempre a la mente el amor de una persona a otra, pero la palabra que usa mucho la Sagrada Escritura para expresar el amor es «ágape», que significa fraternidad, comunión, solidaridad con una multitud de hermanos. La fraternidad entendida solo dentro de un grupo selecto es una forma extraña de egoísmo, es la manera de unirnos más para separarnos mejor. Por lo tanto, nosotros cristianos, no podemos aceptar las situaciones de enemistad como algo definitivo, porque toda enemistad puede evolucionar hacia una situación de amistad si dejamos que triunfe el amor.

En la historia de los pueblos no han faltado voces que han lanzado el grito de: «¡Caridad, no; justicia!» Pero Jesús dijo: «si la justicia de ustedes no es mayor que la de los escribas y fariseos, no entrarán en el reino de los cielos» (Mt. 5, 20), y nos advirtió que si no tenemos misericordia nos espera un juicio sin misericordia (Mt. 5, 7). San Pablo nos recuerda que «si reparto todo lo que tengo a los pobres, pero no tengo amor, soy solo una campana que repica» (1 Cor. 13, 1).

La lucha por la justicia no es una lucha ante la cual uno pueda quedarse neutral, porque esto equivaldría a ponerse a favor de la injusticia y Jesús, refiriéndose al hombre que quiere cumplir la voluntad de Dios, declaró bienaventurados a los que «tienen hambre y sed de justicia» (Mt. 5, 6) y a «los que son perseguidos por procurar la justicia» (Mt.5, 10). Pero donde termina la justicia empieza la caridad o, mejor aún la caridad precede e integra la justicia, porque la justicia queda incompleta sin el amor. A nadie le gusta sentirse tratado solo con justicia y, ante una justicia sin amor, que puede ser la del «ojo por ojo y diente por diente» (Mt. 5, 38), es posible que el hombre experimente aún una mayor opresión. La justicia corta en seco, el amor crea; la justicia ve con los ojos, el amor sabe ver también con el corazón; la justicia puede estar vacía de amor, pero el amor no puede estar vacío de justicia, porque un fruto del amor es la paz y «la justicia y la paz se besan» (Sal. 85, 1 1).

Cualquier llamado al amor debe encontrar siempre resonancia en todo corazón humano, pero más aún en el corazón del cubano colocado bajo la mirada amorosa del Corazón de Jesús y de la Virgen de la Caridad , Virgen del Amor.

Cuando voces autorizadas de la nación han dicho que la Revolución es magnánima nos alegra que esta idea esté en el horizonte de los que dirigen el país, pues así es posible infundir la esperanza de que se haga más cálido el pensamiento y el vocabulario que orientan la vida de nuestro pueblo. Porque el odio no es una fuerza constructiva. Cuando el amor y el odio luchan, el que pierde siempre es el odio. «Cuando yo me desespero, -dice Gandhi- recuerdo que, en la historia, la verdad y el amor siempre han terminado por triunfar».

A través del tiempo, el único amor que ha perdido siempre, a la corta o a la larga, es el amor propio.

Todos quisiéramos, y esta es nuestra constante oración, que en Cuba reinara el amor entre sus hijos, un amor que cicatrice tantas heridas abiertas por el odio, un amor que estreche a todos los cubanos en un mismo abrazo fraterno, un amor que haga llegar para todos la hora del perdón, de la amnistía, de la misericordia. Un amor, en fin, que convierta la felicidad de los demás en la felicidad propia.

Del trasfondo bíblico que late en el pensamiento de Martí nacen estas frases suyas: «la única ley de la autoridad es el amor», «triste Patria sería la que tuviera el odio por sostén», «el amor es la mejor ley».

Ya hemos dicho que los dos signos religiosos populares de Cuba: el Sagrado Corazón de Jesús y la Virgen de la Caridad inspiraron este mensaje de amigos a amigos, de hermanos a hermanos, de cubanos a cubanos.

Nosotros, pastores de la Iglesia , no somos políticos y sabemos bien que esto nos limita, pero también nos da la posibilidad de hablar a partir del tesoro que el Señor nos ha confiado: la Palabra de Dios explicitada por el Magisterio y la experiencia milenaria de la Iglesia. Nos permite también hablar sobre lo único que nos corresponde: el aporte de la Iglesia al bien de todos en el plano espiritual y humano. Y hablar con el lenguaje que nos es propio: el del amor cristiano. La Iglesia no puede tener un programa político, porque su esfera es otra, pero la Iglesia puede y debe dar su juicio moral sobre todo aquello que sea humano o inhumano, en el respeto siempre dadas las autonomías propias de cada esfera. El Concilio Vaticano II, en su Constitución Pastoral «Gozo y Esperanza», n. 76, y en el Decreto sobre el Apostolado de los Laicos, n. 7, nos ofrece una doctrina muy segura sobre este tema. No nos identificamos, pues, con ningún partido, agrupación política o ideología, porque la fe no es una ideología, aunque éstas no le son indiferentes a la Iglesia en cuanto a su contenido ético. Nuestros puntos de vista no están referidos a ningún modelo político, pero nos interesa saber el grado de humanidad que ellos contienen. Hablamos, pues, sin compromisos y sin presión de nadie.

Por otra parte los Obispos no somos técnicos ni especialistas. Tampoco somos jueces ni fiscales. Por imperativo de la caridad no tenemos derecho a juzgar a las personas; entre otras cosas, porque caeríamos en el mismo error que condenamos, que es el de mirar más las ideas que las personas. Esto es algo que repugna al Evangelio.

Hablamos a todos, también a los políticos, o sea, a los que están constituidos en el difícil servicio de la autoridad y a los que no lo están pero, dentro o fuera del país, aspiran a una participación efectiva en la vida política nacional. Hablamos como cubanos a todos los cubanos, porque entendemos que las dificultades de Cuba debemos resolverlas juntos todos los cubanos.

En la historia de este siglo y fines del pasado hemos tenido la triste experiencia de las intervenciones extranjeras en nuestros asuntos nacionales. En nuestra historia más reciente nos ha sucedido lo mismo.

Frente a algunas realidades negativas que nos legaron anteriores gobiernos acudimos a buscar la solución de esos problemas donde no se originaban los mismos y con quienes desconocían nuestra realidad por encontrarse lejos de nuestra área geográfica y ajenos a nuestra tradición cultural. Se hicieron alianzas políticas y militares, se produjeron cambios socios comerciales, etc.

No es de extrañar ahora que algunos de nuestros obstáculos presentes provengan de esta estrecha dependencia que nos llevó a copiar estructuras y modelos de comportamiento. De ahí la repercusión que ha tenido, entre nosotros el desplome, en Europa del Este del socialismo real.

Al mismo tiempo, nosotros, atrapados en medio de la política de bloques que prevaleció en los últimos decenios, hemos padecido: embargo norteamericano, restricciones comerciales, aislamiento, amenazas, etc.

Sabemos que vivimos en un mundo interdependiente y que ningún país se basta así mismo. Aspiramos, con todos los países del área, a una integración latinoamericana, tal y como lo expresaron los Obispos del Continente en la IV Conferencia General del episcopado Latinoamericano reunida en Santo Domingo, porque los países pobres deben asociarse para superar su dependencia negativa respecto a los países ricos. Pero no es únicamente del extranjero de donde debemos esperar solución a nuestros problemas: solidaridad extranjera, inversiones extranjeras, turismo extranjero, dinero de los que viven en el extranjero, etc.

En nuestra historia reciente hay, pues, dos elementos significativos: la ayuda de algunos extranjeros y las interferencias de otros extranjeros. Y, en medio, el pueblo cubano que lucha, trabaja, sufre por un mañana que se aleja cada vez más. Ante esta situación muchos parecieran querer paliar sus sufrimientos yéndose al extranjero cuando pueden, y no pueden irse, entonces idealizan fanáticamente todo lo extranjero o evaden simplemente de la realidad en una especie de exilio interno. Hoy se admite que los cubanos que pueden ayudar económicamente son precisamente aquellos a quienes hicimos extranjeros. ¿No sería mejor reconocer que ellos tienen también el legítimo derecho y deber de aportar soluciones por ser cubanos?, ¿cómo podremos dirigirnos a ellos para pedir su ayuda si no creamos primero un clima de reconciliación entre todos los hijos de un mismo pueblo?

Somos los cubanos los que tenemos que resolver los problemas entre nosotros, dentro de Cuba. Somos nosotros los que tenemos que preguntarnos seriamente ¿por qué hay tantos cubanos que quieren irse y se van de su Patria?, ¿por qué renuncian algunos, dentro de su misma Patria, a su propia ciudadanía para acogerse a una ciudadanía extranjera?, ¿por qué profesionales, obreros, artistas, sacerdotes, deportistas, militares, militantes o gente anónima y sencilla aprovechan cualquier salida temporal, personal u oficial, para quedarse en el extranjero?, ¿por qué el cubano se va de su tierra siendo tradicionalmente tan «casero» que, durante la época colonial, no había para él castigo más penoso que la deportación, «el indefinible disgusto» como le llama Martí, quien dice también que «un hombre fuera de su Patria es como un árbol en el mar», y que «algo hay de buque náufrago en toda casa extranjera»?

¿Por qué, en fin, no intentar resolver nuestros problemas, junto con todos los cubanos, desde nuestra perspectiva nacional, sin que nadie pretenda erigirse en único defensor de nuestros intereses o en árbitro para nuestros problemas, con soluciones en las que, a veces, tal parece que los únicos que pierden son los nacionales?

«Si tu hermano está en necesidad y le cierras el corazón, el amor de Dios no está en ti» (1 Jn. 3, 17). Nadie puede cerrar su corazón a la situación actual de nuestra Patria; tampoco los ojos para reconocer con pena que Cuba está en necesidad. Las cosas no van bien, este tema está en la calle, en medio del mismo pueblo.

Hay descontento, incertidumbre, desesperanza en la población. Los discursos oficiales, las comparecencias por los medios de comunicación social, los artículos de la prensa algo comentan, pero el empeoramiento es rápido y progresivo y la única solución que parece ofrecerse es la de resistir, sin que pueda vislumbrarse la duración de esa resistencia.

Treinta y cuatro años es un lapso suficiente como para tender una mirada no solo coyuntural, sino histórica, sobre un proceso que nació lleno de promesas e ideales, alcanzados algunos, pero en los que, como tantas veces pasa, la realidad no coincide en todos los casos con la idea que nos hicimos de ella, porque no es posible adaptarla siempre a nuestros sueños.

En el orden económico las necesidades materiales elementales están en un punto de extrema gravedad.

El suelo bello y fértil de nuestra isla, la Perla de las Antillas, ha dejado de ser la madre tierra, como cansada ahora e incapaz de alimentar a sus hijos con sus dobles cosechas de los frutos más comunes como la calabaza y la yuca, la malanga y el maíz, y las frutas que hicieron célebre a nuestro suelo feraz. El pueblo se pregunta cómo es posible que escaseen estas cosas y cuesten tanto. Lo que se dice del sector agrícola se puede decir también de otros sectores y servicios.

Sabemos que, en este deterioro económico progresivo, inciden diversos factores, entre ellos: la condición insular de nuestro país, la transformación de las relaciones comerciales con los países antes socialista, que estaban fundadas sobre bases ideológicas y, ahora, lo están sobre bases estrictamente económicas, errores cometidos en el país en la gestión administrativa y económica y el embargo norteamericano, potenciado ahora por la ley Torricelli.

Los obispos de Cuba rechazamos cualquier tipo de medida que, pretendiendo sancionar al gobierno cubano, contribuya a aumentar las dificultades de nuestro pueblo. Esto lo hicimos, en su momento, con respecto al embargo norteamericano y, recientemente, con la llamada ley Torricelli, además realizamos otras gestiones históricas personalmente con la Administración norteamericana con vistas a la supresión del embargo, al menos en relación con los medicamentos. Procurábamos también con esos gestos que se dieran pasos positivos para solucionar las dificultades entre los gobiernos de Estados Unidos y Cuba.

La solidaridad a favor del pueblo cubano en estos momentos de extrema necesidad es un gesto hermoso, una expresión de apoyo al pueblo de Cuba que agradecemos vivamente. Sin embargo, esta solidaridad puede generar en nosotros una especie de pasividad y de tácita aceptación de las causas que originan los problemas. Recordamos lo que el cardenal Etchegaray, en su última visita a Cuba, dijo al despedirse: «Cuba no puede esperarlo todo de los demás. Es necesario, desde ahora, buscar verdaderas soluciones nacionales con la participación activa de todo el pueblo. ¡Ayúdate… y toda la tierra te ayudará! Cree en tus propios recursos humanos que son inagotables, cree en estos valores que hacen de todo hombre tu hermano» (17 de diciembre de 1992)

No nos compete señalar el rumbo que debe tomar la economía del país, pero sí apelar a un balance sereno y sincero, con la participación de todos los cubanos, sobre la economía y su dirección. Más que medidas coyunturales de emergencia, se hace imprescindible un proyecto económico de contornos definidos, capaz de inspirar y movilizar las energías de todo el pueblo. No excluimos la posibilidad de que exista dicho proyecto pero su desconocimiento no contribuye a generar confianza para potenciar las energías reales de los hombres y mujeres de nuestro país.

Otro aspecto al cual debemos prestar atención es el deterioro del clima moral en nuestra Patria. Los padres y madres, sacerdotes, educadores, agentes del orden público y las autoridades se sienten con frecuencia desconcertados por el incremento de la delincuencia: robos, asaltos, la extensión de la prostitución y la violencia por causas generalmente desproporcionadas. Estos comportamientos son, muchas veces, la manifestación de una agresividad reprimida que genera una inseguridad personal en la calle y aun en el hogar.

Las carencias materiales más elementales: alimentos, medicinas, transporte, fluido eléctrico, etc. favorecen un clima de tensión que, en ocasiones, nos hace desconocido al cubano, naturalmente pacífico y cordial.

Hay explosiones de violencia irracional que comienzan a producirse en los pueblos y ciudades. Hacemos un apremiante llamado a nuestro pueblo para que no sucumba a la peligrosa tentación de la violencia que podría generar males mayores.

Los altos índices de alcoholismo y de suicidio revelan, entre otras cosas, la presencia de factores de depresión y evasión de la realidad. Los medios de comunicación social reconocen, a veces, estos hechos, pero no siempre tocan fondo en el análisis de las causas y de los remedios.

Ciertamente, se hace muy difícil alcanzar un clima moral fundado solo en lo relativo y no en lo absoluto.

Pero es necesario también que nos preguntemos serenamente en qué medida la intolerancia, la vigilancia habitual, la represión, van acumulando una reserva de sentimientos de agresividad en el ánimo de mucha gente, dispuesta a saltar al menor estímulo exterior. Con más medidas punitivas no se va a lograr otra cosa que aumentar el número de los transgresores, esto lo saben muy bien los padres de familia. Es muy discutible el valor del castigo para humanizar, sobre todo cuando este rigor se ejerce en el ámbito de la simple expresión de las convicciones políticas de los ciudadanos. Queremos, pues, dirigir también un insistente llamado a todas las instancias del orden público para que no cedan tampoco ellos a los falsos reclamos de la violencia.

Repetimos, creemos que es posible afrontar los problemas con serenidad y en el clima de cordialidad que generalmente nos ha caracterizado como pueblo.

Han sido grandes los esfuerzos realizados, en estos años, para promover la cultura nacional pero, por otra parte, se están perdiendo valores fundamentales de la cultura cubana. Una de las pérdidas más sensibles es la de los valores familiares. Al romperse la familia se rompe lo más sagrado. La familia ha dejado de tener una unidad sólida para fragmentarse dolorosamente: escuelas en el campo, jóvenes separados del hogar, hombres y mujeres que trabajan lejos de sus casas, tanto fuera como dentro del país, etc.

La nupcialidad prematura es una señal de poco equilibrio social, los divorcios aumentan en forma alarmante, poniendo punto final a una unión que debiera ser para toda la vida. Más de la mitad de los que se casan ya se han separado al poco tiempo y hay muchos hijos sin padre. La mortalidad infantil reducida es un logro de la Salud Pública cubana, pero la mortalidad por abortos de niños que antes de nacer mueren en el mismo lugar donde se consideraban más seguros, en el seno materno, es asombrosa, particularmente en jóvenes de edad escolar. No obstante estas constataciones negativas, en la familia está el eje del presente y del futuro de Cuba. Por tanto, si queremos una Patria feliz todos estamos comprometidos a proteger y promover los valores familiares.

Debemos también reflexionar sobre la veracidad. La Convocatoria para el IV Congreso del Partido Comunista de Cuba hacía un llamamiento muy nítido para erradicar lo que llamó doble moral, unanimidad falsa, simulación y acallamiento de opiniones. Ciertamente, un país donde rindan dividendos tales actitudes no es un país sano ni completamente libre; se convierte, poco a poco, en un país escéptico, desconfiado, donde queriendo lograr que surja un hombre nuevo podemos encontrarnos con un hombre falso.

Todo hombre tiene derecho, en lo que concierne a la vida pública, a que la verdad le sea presentada completa y, cuando no es así, se desata un proceso en cadena de rumores, burlas, chistes, a veces irrespetuosos de las personas, que pueden ser como la válvula de escape para exteriorizar lo que se lleva internamente reprimido. La búsqueda sin trabas de la verdad es condición de la libertad.

La gravedad de la situación económica de Cuba tiene también implicaciones políticas, pues lo político y lo económico están en estrecha relación.

Nos parece que, en la vida del país junto a ciertos cambios económicos que comienzan a ponerse en práctica, deberían erradicarse algunas políticas irritantes, lo cual produciría un alivio indiscutible y una fuente de esperanza en el alma nacional:

1. El carácter excluyente y omnipresente de la ideología oficial, que conlleva la identificación de términos que no pueden ser unívocos, tales como: Patria y socialismo, Estado y gobierno, autoridad y poder, legalidad y moralidad, cubano y revolucionario. Este papel, centralista y abarcador de la ideología produce una sensación de cansancio ante las repetidas orientaciones y consignas.

2. Las limitaciones impuestas, no solo al ejercicio de ciertas libertades, lo cual podría ser admisible coyunturalmente, sino a la libertad misma. Un cambio sustancial de esta actitud garantizaría, entre otras cosas, la administración de una justicia independiente lo cual nos encaminaría, sobre bases estables, hacia la consolidación de un estado de pleno derecho.

3. El excesivo control de los Órganos de Seguridad del Estado que llega a veces, incluso, hasta la vida estrictamente privada de las personas. Así se explica ese miedo que no se sabe bien a qué cosa es, pero se siente, como inducido bajo un velo de inestabilidad.

4. El alto número de prisioneros por acciones que podrían despenalizarse unas y reconsiderarse otras, de modo que se pusiera en libertad a muchos que cumplen condenas por motivos económicos, políticos u otros similares.

5. La discriminación por razón de ideas filosóficas, políticas o de credo religioso, cuya efectiva eliminación favorecería la participación de todos los cubanos sin distinción en la vida del país.

Y como lo expresó nuestro Encuentro Nacional Eclesial cubano (ENEC): « La Iglesia Católica en Cuba ha hecho una clara opción por la seriedad y la serenidad en el tratamiento de las cuestiones, por el diálogo directo y franco con las autoridades de la nación, por el no empleo de las declaraciones que puedan servir a la propaganda en uno u otro sentido y por mantener una doble y exigente fidelidad: a la Iglesia y a la Patria. A esto se debe, en parte, el silencio, que ciertamente no ha sido total, de la Iglesia , tanto en Cuba como de cara al Continente, en estos últimos 25 años. Los Obispos de Cuba, conscientes de vivir una etapa histórica de singular trascendencia, han ejercido su sagrado magisterio con el tacto y la delicadeza que requería la situación» (Nos. 129 y 168b), pero un sano realismo implica la aceptación de dejarnos interpelar a nosotros mismos, lo cual puede no gustar, pero puede, también, llevarnos a las raíces de los problemas a fin de aliviar la situación de nuestro pueblo.

En el centro de toda esta situación problemática está el hombre, el sujeto preferente, el tesoro más grande que tiene Cuba. «El hombre en la tierra es la única criatura que Dios ama por sí mismo» (GS. 24). Y cuando Jesús declara que «el sábado es para el hombre y no el hombre para el sábado» (Me. 2, 27), o cuando San Pablo dice: «todo es tuyo, tú eres de Cristo y Cristo es de Dios» (1 Cor. 3, 23), o el Creador decide: «Hagamos al hombre a imagen y semejanza nuestra» (Gén. 1, 26), nos están advirtiendo que no se puede subordinar el hombre a ningún otro valor. La persona humana, en la integralidad de sus características materiales y espirituales, es el valor primero y, por tanto, el desarrollo de una sociedad se alcanza cuando esta es capaz de producir mejores personas, no mejores cosas; cuando se mira más a la persona que a las ideas; cuando el hombre es definido por lo que es, no por lo que piensa o tiene. «El principio, el sujeto y el fin de todas las instituciones sociales es y debe ser la persona humana» (GS. 25).

Los Obispos, como todo nuestro pueblo, seguimos con atención e interés el inicio de algunos cambios en la organización económica del país. Al mismo tiempo comprobamos que, dadas las actuales condiciones de vida del pueblo cubano, se requiere actuar con urgencia y, además, en un marco del iniciativas coherentes cuyos perfiles y metas deberían ser dados a conocer.

Reconocer un problema ya es empezar a resolverlo y someterse uno mismo a la realidad es un modo de cambiarla. Pero además es necesario que, abiertos a las exigencias de la realidad, busquemos sinceramente la verdad con un corazón dispuesto a la comprensión y al diálogo.

Aun la misma concepción dialéctica y anti dogmática con que se autodefine el marxismo favorece la búsqueda incesante de caminos nuevos para la solución de los problemas mediante cambios que impidan que el país permanezca encerrado en sí mismo y que impliquen una transformación profunda en las actitudes.

El Estado tiene el deber de preocuparse por el bien de todos y los esfuerzos por promover la salud, la instrucción y la seguridad social, infunde la esperanza de que pueda proponer soluciones que inicien cambios sustanciales para hacer frente a las nuevas formas de la pobreza en Cuba.

Todos, sin embargo, deben participar activamente en la gestación y realización de estos cambios. Si tales cambios no se efectuaran participativamente, la sociedad puede volverse perezosa, agotando sus virtualidades en un simple desarrollismo. En las graves circunstancias actuales parece que si no hubiera cambios reales, no solo en lo económico, sino también en lo político y en lo social, los logros alcanzados podrían quedar dispersos tras años de sacrificio. Todos en Cuba quisiéramos entrar en el tercer milenio como una sociedad justa, libre, próspera y fraterna. Todos los cubanos quisiéramos que no nos sustituyera el vacío que dejemos atrás, sino una estela de buen recuerdo en nuestra historia.

Sobre el diálogo, y diríamos mejor aún, sobre el compromiso mediante el diálogo, quisiéramos decir una palabra, reiterando lo que, en tantas ocasiones hemos expresado. Recordamos, por ejemplo, lo ampliamente detallado en el Encuentro Nacional Eclesial cubano (números 306 al 330), en nuestro Mensaje de Navidad de 1989, etc. El Santo Padre Juan Pablo II nos dice: «…los complejos problemas se pueden resolver por medio del diálogo y de la solidaridad en vez de la lucha para destruir al adversario y en vez de la guerra» (Centesimus Annus n. 22 y 23).

Ninguna realidad humana es absolutamente incuestionable. Tenemos que reconocer que en Cuba hay criterios distintos sobre la situación del país y sobre las soluciones posibles y que el diálogo se está dando a media voz en la calle, en los centros de trabajo, en los hogares. Es evidente que los caminos que conducen a la reconciliación y a la paz, como el diálogo, tienen un innegable respaldo popular y, además, mucha simpatía y prestigio.

El cubano es un pueblo sabio, no solo con la sabiduría que procede de los libros, sino con esa otra sabiduría que viene de la experiencia de la vida. Por esto desea un diálogo franco, amistoso, libre, en el que cada uno exprese su sentir verbal y cordialmente. Un diálogo no para ajustar cuentas, para depurar responsabilidades, para reducir al silencio al adversario, para reivindicar el pasado, sino para dejamos interpelar. Con la fuerza se puede ganar a un adversario, pero se pierde un amigo, y es mejor un amigo al lado que un adversario en el suelo. Un diálogo que pase por la misericordia, la amnistía, la reconciliación, como lo quiere el Señor que «ha reconciliado a los dos pueblos con Dios uniéndolos en un solo cuerpo por medio de la cruz y destruyendo la enemistad» (Ef. 2, 16).

Un diálogo no para averiguar tanto los ¿por qué?, como los ¿para qué?, porque todo por qué descubre siempre una culpa y todo para qué trae consigo una esperanza. Un diálogo no solo de compañeros, sino de amigos a amigos, de hermanos a hermanos, de cubanos a cubanos que somos todos, de cubanos «que hablando se entienden» y pensando juntos seremos capaces de llegar a compromisos aceptables.

Un diálogo con interlocutores responsables y libres y no con quienes antes de hablar ya sabemos Yo que van a decir y, antes de que uno termine, ya tienen elaborada la respuesta, de los que uno a veces sospecha que piensan igual que nosotros, pero no son sinceros o no se sienten autorizados para serio.

En las cosas contingentes todos podemos tener fragmentos del arco de la verdad, pero nadie puede atribuirse la verdad toda, porque solo Jesús pudo decir: «Yo soy la verdad» (Jn. 14, 6), «el que no está conmigo está contra mí»' (Lc. 11, 23).

En Cuba hay un solo partido, una sola prensa, una sola radio y una sola televisión. Pero el diálogo al que nos referimos debe tener en cuenta la diversidad de medios y de personas, tal como lo expresa el Santo Padre: «la sociabilidad no se agota en el Estado, sino que se realiza en diversos grupos intermedios, comenzando por la familia y siguiendo por los grupos económicos, sociales, políticos y culturales, los cuales, como provenientes de la misma naturaleza humana, tienen su propia autonomía, sin salirse del bien común» (Centesimus Annus, n. 13).

Cuando uno analiza las opiniones de otros en el sentido del valor y mérito que tengan en sí mismas y no en función de las personas que las emiten, no hay por qué temer, ya que la disensión puede ser una fuente de enriquecimiento. No hay por qué temer a las réplicas y las discrepancias, porque las críticas revelan lo que los incondicionales ocultan.

El pueblo cubano es un pueblo maduro, y, si queremos ser ciudadanos del mundo del mañana, bien vale la pena ponerlo a prueba y reconocerle el derecho a la diversidad que no es solo un derecho legal, sino básicamente ético, humano, porque se fundamenta en la dignidad del hombre por encima de cualquier otro valor.

Si Cuba ha abierto las fronteras a las relaciones internacionales con sistemas no solo distintos, sino hasta opuestos al nuestro, que incluso en palestras internacionales han votado contra los puntos de vista del gobierno cubano, no se ve por qué a nivel nacional los cubanos deben ser forzosamente uniformes; si a los problemas y confrontaciones con esos otros países se les califica comprensivamente de «problemas entre familia» por qué no llamarle igual a las discrepancias entre los cubanos. No olvidamos, cuántos problemas de El Salvador, Nicaragua, Argentina, Chile y la guerrilla de Colombia terminaron en concordia para el bien del pueblo mediante un diálogo en el que nadie perdió y ganaron todos. Hay países hermanos de los que hay mucho ciertamente que evitar, pero también hay mucho que aprender.

Sabemos bien que no faltan, dentro y fuera de Cuba, quienes se niegan al diálogo porque el resentimiento acumulado es muy grande o por no ceder en el orgullo de sus posiciones o, también, porque son usufructuarios de esta situación nuestra, pero pensamos que rechazar el diálogo es perder el derecho a expresar la propia opinión y aceptar el diálogo es una posibilidad de contribuir a la comprensión entre todos los cubanos para construir un futuro digno y pacífico.

Nos hemos dirigido a nuestro pueblo en general, con el cual nos sentirnos concernidos en los logros y fracasos, en lo bueno y en lo malo. Nuestro pensamiento se dirige ahora hacia aquellos que fueron llevados a las aguas bautismales y han permanecido fieles a la fe en circunstancias difíciles. Va también nuestro pensamiento hacia los que abandonaron la fe o la práctica de la fe, pero a quienes la Iglesia , que los engendró por el Bautismo, los lleva en su seno con amor de madre y hacia los que no han recibido el Bautismo, pero están llamados por el Señor a formar, en Cristo, una sola alma y un solo corazón. De estos últimos somos hermanos por razón de linaje humano, por razón de la cubanía que nos hace a todos hijos de esta tierra.

La Iglesia nunca ha estado lejos de este pueblo nuestro. Se quedó con los que se quedaron por muchas que hayan sido las dificultades. Sus templos, a veces llenos, a veces vacíos, han permanecido idénticos, siempre serenos, como testigos solitarios en medio de los pueblos y ciudades, con sus altas torres levantadas hacia el cielo, velando sobre la ciudad, sobre sus casas y sus puertas, como dice la Sagrada Escritura , como signos del amor de Dios que siempre espera, bendice y llama.

Desde allí la voz amorosa de Dios ha seguido llamando con el mismo acento de siempre: «Si tú comprendieras lo que puede traerte la paz» (Lc. 19,41), «Si tú conocieras el don de Dios..». (Jn. 4, 10). «Cuántas veces quise cobijarte bajo mis alas, y no quisiste» (Mt. 23, 37). Desde allí el Señor nos ha seguido diciendo: «Sin mí nada podrán hacer» (Jn. 15, 4), «Si el Señor no construye la casa en vano se cansan los albañiles, si el Señor no guarda la ciudad en vano vigilan los centinelas» (Sal. 127, 1). Es la hora, queridos hermanos, de levantar los ojos del corazón a Dios nuestro Padre, suplicándole la reconciliación entre nosotros, el triunfo del amor y de la paz.

Nosotros conocemos los sufrimientos, a veces innecesarios, acumulados en el corazón de tanta gente que parece que no pueden ya más con su alma sea a causa de los trabajos que pasan para realizar sus labores cotidianas o de las extremas necesidades elementales. Sabemos el dolor que en tantos cubanos han causado los grandes lutos nacionales, como el de los hermanos internacionalistas que murieron en otras tierras o el de los hermanos que siguen muriendo en los mares que rodean nuestra propia tierra. Sabemos del dolor de los presos y de sus familias y el sufrimiento de los que están lejos.

Al escribir este mensaje compartimos la pena de aquellos ancianos afectados, en muchos casos, por las carencias materiales o por la ausencia definitiva de sus familiares, que hace aún más dura su soledad. Tenemos presente también, a los jóvenes, naturalmente llenos de ilusiones, y que se sienten, a menudo, escépticos y faltos de esperanza.

A todos ustedes queremos decirles una palabra de aliento: la sensatez puede triunfar, que la fraternidad puede ser mayor que las barreras levantadas, que el primer cambio que se necesita en Cuba es el de los corazones y nosotros tenemos puesta nuestra esperanza en Dios que puede cambiar los corazones.

Nosotros pensamos que no es conforme al Evangelio la enumeración de los factores negativos con la intención de inculpar a otros. «No juzgues», nos dice el Señor (Mt. 7, 1), y a nadie le está permitido juzgar, porque solo el Señor es juez de vivos y muertos (2 Tim. 4, 1), y solo El conoce lo que hay en el corazón del hombre.

También, dentro de la comunidad eclesial, solo Dios conoce el desgarramiento interior de los que optaron por dar la espalda al Señor y a la Iglesia en momentos difíciles, de los que apartaron a sus hijos de la fe católica, de los que quitaron el popular cuadro del Sagrado Corazón o la estampa de la Virgen de la Caridad de sus hogares, como un triste presagio de lo que dice San Agustín: «Cuando uno huye de Cristo, todo huye de uno».

Pero aunque nuestras infidelidades hubieran sido mayores que nuestras lealtades, incluso «si nuestro corazón nos condena, Dios es más grande que nuestro corazón» (1 Jn. 3, 20). De todo podemos sacar enseñanzas positivas y negativas, así se va tejiendo la vida cristiana hasta que la Iglesia de los pecadores, que somos nosotros, se vaya haciendo en nosotros la Iglesia de los santos. En esta conjunción de culpa y gracia. de luces y sombras, que es el misterio de la Iglesia de Dios, está nuestra salvación.

Queridos hermanos y amigos: al terminar este mensaje queremos volver al pensamiento primero que lo inspira y motiva: el de la experiencia universal del amor de Dios. Ese amor que se nos revela en Cristo, pues El nos manifestó el rostro de Dios, que es el rostro de Jesús crucificado, cuyo corazón abierto en la cruz no se ha cerrado para nadie, incluso para los que lo hemos ofendido. Si Jesús no nos hubiera revelado ninguna otra cosa más que esta: «Dios es amor' (I Jn 4, 8), eso sería suficiente para ser mejores y llenarnos de paz y esperanza. No estamos del todo seguros de que amamos a Dios como Él lo merece, pero sí lo estamos de que Dios nos ama como nosotros no lo merecemos.

Hemos pedido al Señor dirigir este mensaje en su lenguaje de amor, sin lastimar a ninguna persona, aunque cuestionemos sus ideas en diversos aspectos, porque de lo contrario Dios no bendeciría el humilde servicio que queremos prestar a cuantos libremente quieran servirse de él. Lo hacemos con esa limitada confianza en el amor de Dios, callado desde el primer día de la creación, pero «trabajando a todas horas» (Jn. 5, 17). El vela sobre su ciudad (Salmo 127), también sobre Cuba, porque el Señor está con nosotros y quiere para nosotros lo mejor. Él tiene en sus manos, como Señor de la Historia , el corazón de los hombres.

Hablando como Pastores de la Iglesia que está en Cuba queremos recordar que la paz es posible porque «Cristo es la paz» (Ef. 2, 14), podernos descubrir la verdad porque «Cristo es la verdad» (Jn. 14, que se puede hallar el camino porque «Cristo es el camino» (Jn. 14, En fin, que la salvación es posible porque Cristo es nuestra salvación (Lc. 19, 9). Confiamos además en nuestro pueblo, al que conoce bien y que ha mostrado a lo largo de su historia una sorprendente capacidad de recuperación.

Revitalizar la esperanza de los cubanos es un deber de aquellos cuyas manos está el gobierno y el destino de Cuba y es un deber de la Iglesia que está separada del Estado, como debe ser, pero no de la sociedad. Y esto lo podemos lograr juntos con una gran voluntad de servicio pero no sin una gran voluntad de sacrificio, «amando más intensamente y enseñando a amar, con confianza en los hombres, con seguridad e ayuda paterna de Dios y en la fuerza innata del bien», como decía Pablo VI. La Virgen de la Caridad , Patrona de Cuba, Madre de todos los cubanos, que sabe cuánto lo necesitamos sus hijos, nos ayude con su bendición.

«Y en toda ocasión, en la oración y en la súplica, nuestras peticiones sean presentadas a Dios. Y la paz de Dios que es más grande de lo que podemos comprender, guarde nuestros corazones y nuestros pensamientos en Cristo Jesús» (Flp. 4, 6-7).

+ Jaime , Arzobispo de la Habana y Presidente de la COCC.

+ Pedro , Arzobispo de Santiago de Cuba

+ Adolfo , Obispo de Camagüey

+ Fernando , Obispo de Cienfuegos-Santa Clara

+ Héctor , Obispo de Holguín

+ José Siro , Obispo de Pinar del Río

+ Mariano , Obispo de Matanzas

+ Emilio , Obispo Auxiliar de Cienfuegos-Santa Clara

+ Alfredo , Obispo Auxiliar de La Habana

+ Mario , Obispo Auxiliar de Camagüey

+ Carlos , Obispo Auxiliar de La Habana

Sin que estuvieran aludiendo a un asunto novedoso dentro de la doctrina oficial de la Iglesia, en el contexto de una sociedad definida socialista como la vigente en Cuba, volvía a establecerse un fuerte contraste con los preceptos de la Revolución. Por eso, cuando «El amor todo lo espera» afirma que

La persona humana, en la integridad de sus características materiales y espirituales, es el valor primero y, por lo tanto, el desarrollo de una sociedad se alcanza cuando esta es capaz de producir mejores personas, no mejores cosas; cuando se mira más a la persona que a las ideas; cuando el hombre es definido por lo que es, no por lo que piensa o tiene» y a la vez hace énfasis en que «no se puede subordinar al hombre a ningún otro valor.

La Iglesia le está recordando a sus fieles y a todo el pueblo cubano que es posible reconstruir Cuba desde unas coordenadas distintas a la que se les ha propuesto desde la Revolución. De ahí que se anime a estimular un proceso de lo que ella llama «cambios sustanciales» y que incluyen, de manera prominente, algunos de naturaleza política. Cuando en ese documento, en donde también la Iglesia expresa su gran preocupación por el «deterioro del clima moral en nuestra Patria», los obispos hablan sobre «el carácter excluyente y omnipresente de la ideología oficial», de las «limitaciones impuestas, no solo al ejercicio de ciertas libertades … si no de la libertad misma», del «excesivo control de los órganos de seguridad del Estado» y de «la discriminación por razón de ideas filosóficas, políticas o de credo religioso», y presentan estos asuntos como parte de los problemas que son responsables de la situación crítica en la que se encuentra el país, la Iglesia católica en Cuba demuestra su determinación de comportarse como una institución independiente del Estado, en posesión de criterios propios y diferentes a los de este.

Sin embargo, la Iglesia no buscó con este documento situarse en una posición de ruptura o de confrontación con quienes dirigían el país, todo lo contrario. En «El amor todo lo espera», donde se hace un amplio recorrido de los problemas que agobiaban a la sociedad cubana de 1993, los obispos cubanos, en nombre de la Iglesia, expresaban su profundo interés en promover el diálogo y la reconciliación como fundamentos de la convivencia entre todos los que componen la sociedad cubana. Sabiendo que la solución de los problemas que afectaban a Cuba, o a cualquier sociedad, se tiene que dar en el ámbito de la política, «los pastores de la Iglesia», declaran con contundencia, que ellos no eran políticos y que están convencidos de que esa condición los «limita»; no obstante, es desde ese espacio neo-político que ellos se ubican para hablar, y hablar con el lenguaje que nos es propio: el del amor cristiano para poder dar su juicio moral sobre todo aquello que sea humano e inhumano, en el respeto siempre de las autonomías propias de cada esfera. Y aclaran: «Nuestros puntos de vista no están referidos a ningún modelo político, pero nos interesa saber el grado de humanidad que ellos contienen. Hablamos, pues, sin compromisos y sin presión de nadie».

Lo que buscaba y expresaba la Iglesia en «El amor todo lo espera» era convertirse en mediadora, manifestándose libremente y «sin lastimar a ninguna persona» sobre aquellos asuntos que consideraba de su competencia, y ofreciéndose a todos como «puente» para un encuentro que contribuyese a encontrar las soluciones requeridas por el país. Pero a la misma vez que la Jerarquía cubana distanciaba a la Iglesia, con sus declaraciones políticas, es evidente que no temía, es más, lo estimulaban, que ese sí podría ser un campo propio del laicado, ya que, después de todo, no solo son creyentes, sino también ciudadanos.

La recepción que tuvo «El amor todo lo espera» en Cuba fue diversa. Según informó Manuel Fernández Santalices, el texto suscrito por el episcopado cubano se agotó en poco tiempo. Dice este observador que se imprimieron casi cien mil ejemplares, los cuales se vendieron a 20 centavos y que la única propaganda que en un principio dio a conocer el documento fue la que se hizo «de boca a oído». Estos datos permiten deducir que «El amor todo lo espera» fue bien recibido entre la población cubana.

La reacción de la prensa oficial, sin embargo, fue tan opuesta al mensaje que obligó a una réplica de la Iglesia a través de una declaración del Comité Permanente de la Conferencia de Obispos Católicos de Cuba. En ese documento, con fecha 7 de octubre de 1993, los prelados cubanos rechazan

…completamente por calumniosas, las graves acusaciones que se nos hacen de traición a la Patria, propiciar un 'baño de sangre' en nuestro país, entrar en alianza con el extranjero, desear la restauración colonial o favorecer la anexión a Estados Unidos.

A la vez se aclaraba al público que la Iglesia había intentado llevar a cabo un diálogo con el gobierno cubano para discutir «los problemas del pueblo cubano», pero que en todas esas ocasiones lo que ha habido es «silencio, dilación o rechazo». Tal parece, sin embargo, que el silencio duró poco. Es la opinión de Robert Portada III que, después de la campaña de «difamación» lanzada sobre la Iglesia, se pudo recuperar la comunicación entre la Iglesia cubana y los funcionarios a cargo de la dirección del gobierno, condición que haría posible retomar las negociaciones para una futura visita del papa Juan Pablo II.

Además, hay que considerar que al concluir este episodio en la historia de las relaciones entre la Iglesia católica en Cuba y el Estado cubano, y aun cuando persistían las razones que lo habían provocado, es decir, el dramático deterioro en las condiciones de vida del pueblo cubano, la Iglesia se consolidaba como una institución independiente del Estado, con todas las consecuencias que un fenómeno como ese podían tener en un país donde el Estado, el gobierno y el Partido se arrogaban representar a la totalidad de la nación. Los acontecimientos que tuvieron lugar después de la publicación de «El amor todo lo espera», entre los que se destaca el desgraciado incidente vinculado con el hundimiento del remolcador «13 de Marzo», ocasión en la que el arzobispo de La Habana, como presidente de la Conferencia de Obispos, reclamó a las autoridades del país que aclararan los hechos y establecieran «la verdad con justicia».

Por su parte, la Iglesia en Cuba no ha recorrido en solitario este difícil camino iniciado al comienzo de los ochenta y caracterizado por la iniciativa evangelizadora y el fomento del diálogo entre todos los cubanos; la Santa Sede la ha estado acompañando — y con ella a los cubanos todos—a lo largo de toda la travesía, demostrando su complacencia con lo que se venía logrando en Cuba durante todo este tiempo, al nombrar en 1994 a Mons. Jaime Ortega como cardenal de la Iglesia. Desde esa misma perspectiva habría que examinar la visita a Cuba de su Santidad Juan Pablo II en enero de 1998, quien con su presencia en suelo cubano, no solo demostró su apoyo al proceder de la Iglesia en la isla, sino también, como expresó Manuel Fernández Santalices, se convirtió en una «verdadera inflexión en la nueva etapa que Cuba enfrenta en continuidad con una historia en la búsqueda de una patria dichosa construida por sus propios hijos iluminados por la fe».

Por otro lado, también es posible asumir que para el período de tiempo en el que Juan Pablo II visitaba Cuba, las relaciones entre la Iglesia católica y el Estado cubano alcanzaron un nivel de estabilidad tal que pudiera ser calificado como «normal», en el sentido de que predominaba el respeto mutuo entre ellos, aun cuando no siempre se estaba de acuerdo en algún asunto particular. Por parte de la Iglesia, por ejemplo, se seguirían haciendo señalamientos críticos a la gestión de las autoridades cubanas y a las políticas del Partido Comunista en los momentos en que se crea pertinente, también, como ha pasado recientemente, en particular desde que la presidencia del Estado ha sido asumida por el General Raúl Castro, se ha animado el programa de reformas que intenta poner en práctica el gobierno cubano. De igual forma, tampoco abandonará su amplio proyecto pastoral adoptado durante el ENEC y ratificado posteriormente en varias ocasiones y que le ha permitido acoger en su feligresía a una gran cantidad de hombres y mujeres, jóvenes y adultos cubanos, que han deseado buscar en la religión católica una respuesta a sus múltiples inquietudes.

El advenimiento del nuevo siglo no alteró el curso de esta historia aun cuando se presentaron acontecimientos que pusieron a prueba dicho sistema de relaciones. Un ejemplo de ese tipo de situación sería el caso de los 75 disidentes que fueron apresados, juzgados en juicios sumarios y condenados a cumplir largas condenas de cárcel. Transcurría el año de 2003 y en ese mismo período también eran detenidos y fusilados tres ciudadanos cubanos acusados de intentar secuestrar una embarcación para salir del país. Estos hechos provocaron la mediación de la Iglesia y la intervención del papa Juan Pablo II, quienes intentaron evitar que a los condenados a muerte se les aplicara esa drástica sentencia. En ese mismo contexto hay que resaltar la insistencia de la Iglesia por promover el diálogo como medio de resolver la crisis que aún afectaba al país, reivindicación expresada por los obispos el 8 de septiembre de aquel año por medio de la Instrucción Teológico Pastoral, «La presencia social de la Iglesia».

Pero donde se calibraría el grado de «madurez» conseguido por el sistema de relaciones al que se hace referencia en este trabajo es en todo el proceso de negociación que protagonizaron la Iglesia católica y altos funcionarios del gobierno cubano motivado originalmente por los atropellos que se cometieron durante abril de 2010 contra el grupo contestatario conocido como «Las Damas de Blanco».

En 1993 los obispos cubanos publicaron la pastoral deplorando el ruinoso estado económico, social, político y moral que se estaba viviendo en la isla, al tiempo que acusaban al régimen del masivo éxodo e instaba a que a los exiliados se les permitiera contribuir a la solución de los problemas de Cuba. Juan Pablo II apoyó con firmeza esta iniciativa que ofendió al gobierno cubano.

En 1994, El papa nombró cardenal al arzobispo de la Habana Jaime Ortega, quien cuando seminarista había estado durante un año castigado en uno de los campos de trabajo. Castro tuvo que permitir que Ortega participara en el consistorio del 26 de noviembre para recibir la birreta roja. A pesar de las restricciones existentes en Cuba, el 8 de septiembre de 1993, Jaime Ortega, junto al arzobispo de Santiago de Cuba Pedro Claro Meurice Estiú y los obispos de las distintas arquidiócesis de Cuba dieron a conocer el documento conocido como Carta Pastoral El Amor todo lo espera, que levantó fuertes críticas por parte del gobierno, así como diversos ataques por parte de la prensa oficial, que nunca publicó el documento.

En octubre de 1996 visitó Cuba el arzobispo Jean Luis Tauran, y con esa visita se abrió el diálogo oficial, con la confirmación de que Juan Pablo II visitaría Cuba.

Tauran, que era un gran diplomático, culminó una visita oficial a la isla de cinco días, leyó un comunicado de prensa minutos antes de su partida y afirmó «que en un futuro próximo se harán los arreglos pertinentes para la realización de esta visita pastoral».

La confirmación tuvo lugar en la noche de un lunes durante una entrevista entre el representante del Vaticano y Fidel Castro.

Entre los años 1995 y parte de 1996, el tira y afloja entre la Habana y el Vaticano continuó con visitas extraoficiales, siendo la más destacada la del cardenal de Boston Bernard Law.

El cardenal Law ayudó a establecer las bases diplomáticas que hicieron posible la visita de San Juan Pablo II a la isla en 1998. Esta visita causó gran malestar en la administración Clinton. Law permaneció cuatro días como huésped de su homólogo Jaime Ortega y estableció contactos con el gobierno cubano.

Tiempo después, con George W. Bush como presidente, cuando estalló en Estados Unidos el escándalo por abusos sexuales contra niños se concentró en Law, figura principal eclesiástica en Boston, quien sufrió el ataque despiadado de la prensa. Algunas autoridades del Vaticano percibieron como sobredimensionada la campaña mediática contra Law y concluyeron que el cardenal estaba pagando un precio político por sus visitas a Cuba y su oposición al bloqueo económico, que provocaron contra él un odio visceral en grupos de exiliados cubanos en Estados Unidos. Law tenía también en su contra al «lobby» sionista por su defensa de la causa palestina, pero esto es ya otra historia, cubierta de manera injusta por la prensa norteamericana.

El cardenal Bernard Law, de Boston, quien visitó Cuba en febrero, dijo que la Isla no permanecerá «inmune» a la «ola de reformas» que han cambiado la faz de la Europa Oriental el año pasado. «Espero que todo esto conduzca a una revolución pacífica, a una evolución nacional hacia una sociedad pacífica», dijo el cardenal durante una entrevista telefónica. El cardenal se reunió con el presidente de Cuba, Fidel Castro y con ocho obispos cubanos en la Nunciatura Apostólica. Castro discutió con los obispos cubanos los planes sobre la visita, pero sin concretar la fecha. El cardenal dijo que no hubo «discusiones sustanciales» sobre la visita del papa, «pero los planes van deprisa». Añadió que según Radio Vaticano: El papa Juan Pablo II ha aceptado la invitación, para visitar Cuba, pero aún no se ha fijado la fecha.

Dijo que las procesiones religiosas de parroquia a parroquia con una estatua de la Virgen de la Caridad del Cobre, era algo inusual.

Monseñor William Murphy, secretario de la archidiócesis de Boston para las relaciones comunitarias, quien acompañó al cardenal Law a Cuba, dijo que el impacto de la visita papal sería «difícil de analizar». Agregó que «hemos experimentado cómo otras visitas se convirtieron en algo mayor de lo que se esperaba», refiriéndose a la visita del pontífice a Haití. Ese viaje fue el punto crítico para la caída de Jean Claude Duvalier en 1983. Rápidamente añadió: «No estoy sugiriendo que la visita del papa a Cuba sea desestabilizar al gobierno de Castro». Afirmó que el ministerio católico a prisiones y hospitales, y la aprobación de la entrada de religiosos al país, constituyen la evidencia de unas relaciones mejores.

Por su parte, El cardenal Law añadió que su encuentro con Castro fue una oportunidad de comprender un poquito lo que el gobernante piensa acerca de las anunciadas reformas para perfeccionar y revitalizar la organización del comité central del partido comunista de Cuba.

Sin embargo, el cardenal «no percibió por parte de Castro, ni de sus seguidores, que el gobierno pudiera caer del mismo modo que lo han hecho los gobiernos comunistas de Europa Oriental. Dijo que en Cuba se nota un cambio en el ambiente que es inevitable reflejo de lo que está sucediendo en el mundo entero. Si no lo hubiera, sería algo raro, añadió, afirmando que Cuba no sufriría los mismos cambios de Europa Oriental. Castro le había dicho que la economía cubana «refleja lo que concibe como errores de algunos modelos de Europa Oriental».

Ya en 1997, el vicario del papa y presidente de la Conferencia Episcopal italiana, cardenal Camino Ruini, llegó a Cuba para «dar continuidad» al diálogo abierto con las autoridades cubanas. Ruini se entrevistó con Fidel Castro, y esa noche anunció el viaje del Pontífice durante una misa en la catedral. En aquella visita, aprovechó para visitar varios hospitales y asilos en La Habana, Pinar del Río y Holguín. Pero lo más importante es que quedó confirmada la visita del papa a la isla.

La invitación se hizo oficial cuando fue entregada al papa por Felipe Carneado, entonces jefe del departamento religioso del gobernante Partido Comunista de Cuba, y por el cardenal y arzobispo de La Habana, Jaime Ortega, en nombre de la conferencia episcopal de la isla caribeña.

El enviado del Vaticano, cardenal Tauran, aseguró que durante sus conversaciones con altos funcionarios del gobierno cubano fueron consideradas las vías para

> …ayudar a Cuba a superar las dificultades y los condicionamientos actuales (…) No he dejado de tratar las cuestiones más concretas de la vida de la Iglesia en Cuba, dijo Tauran y aseguró que se ha confirmado un compromiso para dar solución a casos pendientes de religiosos extranjeros para su entrada en la isla.
>
> Algunas otras necesidades de la Iglesia requieren aún una evaluación adecuada que, espero, pueda ser favorables en un tiempo próximo.

Entre los temas pendientes se mantendría el reclamo de la iglesia cubana a un espacio en los medios de comunicación masivo, a una comprensión hacia su labor pastoral más allá de la liturgia y a la construcción de nuevos templos.

La tan esperada visita del papa Juan Pablo II representaría una culminación y un nuevo punto de partida en el camino hacia la normalización de las relaciones entre la Iglesia y el Estado de Cuba, aseguró el secretario de Exteriores del Vaticano.

Al fin todo empezó a gestarse cuando el cardenal de Nueva York, John O'Connor, en una visita programada tiempo atrás, visitó la Habana para honrar la memoria del Padre Félix Varela héroe nacional cubano. Para O'Connor aquella visita no era fácil, pero dada su experiencia y formación se contaba con el éxito.

O'Connor era un hombre nacido en Filadelfia y desde muy temprano decidió seguir la carrera eclesiástica en el Seminario de San Carlos Borromeo, donde se hizo sacerdote el 15 de diciembre de 1945. En 1952 participó como capellán en la guerra de Corea, siendo nombrado, en 1966, prelado de honor de Su Santidad. A partir de esos momentos su ascensión fue fulminante: Hizo una maestría en ética avanzada en la Universidad de Villanova y un doctorado en ciencias políticas en la arquidiócesis de los servicios militares de Estados Unidos, durante el mandato de Juan Pablo II. El mismo pontífice le consagró obispo el 27 de mayo de 1979 en la Basílica de San Pedro en el Vaticano. El 6 de mayo de 1983 fue transferido a la sede de Scranton y el 26 de enero de 1984 a la arquidiócesis de Nueva York. Finalmente, el mismo papa, le Creó cardenal el 26 de mayo de 1985.

Durante su episcopado, luchó por su defensa de la vida, razón por la cual trabajó siempre en contra de las leyes del aborto y la eutanasia. Fundó en 1991 un instituto de religiosas provida con el nombre de Hermanas de la Vida.

A pesar de haber sido capellán militar durante bastantes años de su vida, se opuso a algunas campañas militares de los Estados Unidos contra Afganistán, Sudán, Yugoslavia, entre otras. Defendió la libre formación de sindicatos, apoyando abiertamente algunas de las luchas sindicales de su diócesis, razón por la cual, el cardenal fue conocido popularmente, como el «santo patrón de los trabajadores». El prelado jugó un papel activo en el diálogo judío católico y denunció enérgicamente el antisemitismo, obteniendo con ello un reconocimiento de parte del Consejo Judío para los Asuntos Públicos.

John O'Connor fue un príncipe distinguido de la Iglesia y amigo muy querido del papa. Pero fue, sobre todo, un vigoroso lector del Evangelio. Sabía ponerlo en práctica, vivirlo con entereza, defenderlo con valor, y propagarlo con ejemplo. O'Connor no solo fue el cardenal de los neoyorquinos. Su influencia trascendió los límites de su archidiócesis; su prédica tuvo resonancia a lo largo y ancho de los Estados Unidos. Por eso, y por su plena identificación con Su Santidad Juan Pablo II, le consideró el papa de los americanos. Pero O'Connor fue más que americano en su proyección y su vida, porque su liderazgo era ecuménico y su mensaje universal. Con salud y unos años menos, acaso hubiera sido el lógico sucesor del primado del Vaticano.

Era un hombre de marcados contrastes. Humilde como servidor de Dios, pero cortejaba la publicidad y atizaba el debate, no para satisfacer su ego, sino para defender su credo. Era cortés, afable y conciliador, pero no transigía en su acérrima oposición al aborto y al homosexualismo. No se amilanaba ante los argumentos y presiones de sus poderosos adversarios, no obstante siempre respetaba la dignidad de sus objetores, entre los cuales se encontraba su amigo, el polémico exalcalde de Nueva York y abanderado del judaísmo, Ed Koch, con quien escribió un libro.

Era conservador en la interpretación de los postulados eclesiásticos, sin embargo en los temas sociales fue radical en la defensa de las causas justas de los obreros y en el rechazo tajante de toda manifestación de racismo y antisemitismo. Detestaba la guerra (habiendo presenciado y sufrido sus estragos durante los 27 años que estuvo adscrito a la marina), más no era pacifista. Sostuvo que la acción bélica de los Estados Unidos en Vietnam fue moral y legalmente justificada, y se separó de los obispos partidarios de congelar las armas atómicas e impedir el emplazamiento de misiles de alcance medio en Europa.

No era hombre de rigidez ideológica, pero en la defensa de los derechos humanos y de la libertad, su postura era firme, sin equívocos, y su lucidez se apoyaba en vastos conocimientos de la ciencia política que de joven estudió. Por eso, Juan Pablo II recabó el consejo del cardenal en la preparación del memorable discurso que pronunció en las Naciones Unidas en octubre de 1995. Hay, seguramente, huellas cardenalicias en las vibrantes sentencias papales allí vertidas:

> El totalitarismo moderno ha sido, ante todo, un asalto a la dignidad de la persona. La lucha por la libertad es una de las grandes dinámicas de la historia humana. Solo cuando se restauró la libertad en las naciones de Europa Central y del Este pudo allí realizarse la promesa de paz... Uno de los factores que determinaron el éxito de esas revoluciones no violentas fue la experiencia de la solidaridad social. Frente a los regímenes que se valían del poder de la propaganda y el terror, esa solidaridad fue la médula moral que le dio fuerza a los oprimidos y aliento a los desesperanzados...

El amor a la libertad, que el cardenal compartía con el papa, y que se reflejaba en su enorme interés en el caso de Cuba, motivó su viaje. Antes de efectuarlo se reunió con Otto Reich y Frank Calzón, cubanos en Washington expertos en el tema de Cuba.

El tema central de la conversación fue el viaje del papa a Cuba. En una reunión con eminentes cubanos, se le advirtió al cardenal que Castro trataría de politizarlo para legitimar su régimen desacreditado y condenar el embargo norteamericano. El cardenal quiso profundizar en el asunto. Mientras tanto, O'Connor sacó del bolsillo un pedazo de papel y comenzó a tomar notas como un estudiante universitario.

Al rato, el cardenal preguntó ¿qué hacer para conjurar o minimizar ese peligro? La respuesta de los asistentes fue directa y escueta. Reducir a un mínimo las comparecencias públicas del papa con Castro. Lograr cobertura nacional televisada durante todo el recorrido del papa, o cancelar el viaje. Exaltar los símbolos nacionales, especialmente la Virgen de la Caridad del Cobre como áncora espiritual, y José Martí como cruzado de la democracia. Proclamar reiteradamente el derecho inalienable a la libertad y el respeto a los derechos humanos, sin los cuales no puede haber ni paz ni dignidad. Exhortar a la población a que se sacuda el conformismo y tomar las riendas de su propio destino. Levantar los ánimos con la frase de Cristo que, en boca del papa, estremeció a Polonia: «No tengais miedo»

Abordaron el tema del embargo norteamericano. Se le dijo al cardenal que lo que perseguía Castro con su levantamiento no era comerciar (nada le impedía hacerlo con el resto del mundo), ni mejorar las condiciones de vida del pueblo cubano. Lo que quería era reemplazar los subsidios soviéticos cancelados con líneas internacionales de financiamiento que él pudiera controlar.

El cardenal pareció estar de acuerdo, y contó que, al comprobar en un viaje a Cuba la penuria que allí existía, logró que diversas compañías farmacéuticas norteamericanas se comprometieran a donar más de un millón de dólares en medicina. Castro, empero, se opuso a la donación. «Era evidente —confesó el cardenal— que la agenda que Castro perseguía no era humanitaria, sino política».

Se debatió la postura de la Iglesia contraria al embargo. Se argumentó que el papa en Cuba debería oponerse no solo al embargo externo decretado por los Estados Unidos, como solía hacer el Vaticano, sino también al bloqueo interno impuesto por Castro. En otras palabras, la apertura ansiada debía ser de doble vía. Al cardenal le pareció acertado y justo el enfoque. Prometió trasladar de inmediato todas las sugerencias al Santo Padre. Y fue más lejos: aseguró que en su viaje al Vaticano a principios de enero (1998), reforzaría los planteamientos en conversación privada con el papa.

El cardenal cumplió su promesa e inclinó la balanza en favor de los que en el Vaticano eran partidarios de pronunciamientos más contundentes en Cuba (entre los cuales se encontraba el papa). Aunque ya casi todos los discursos que Su Santidad iba a pronunciar en la isla se habían perfilado, O'Connor y otros prelados de ideas afines lograron aguzar el lenguaje y, en algunos casos, fortalecer los conceptos. Hay claros indicios de la influencia del cardenal en la bilateralidad de la apertura planteada por el papa: «Que el mundo se abra a Cuba, y que Cuba se abra al mundo». Así también en las enérgicas exhortaciones del Santo Padre a los cubanos para que fuesen «valientes en la verdad, arriesgados en la libertad, generosos en el amor, invencibles en la esperanza…»

En aquella visita, entre otros actos, celebró una misa en la catedral de la Habana, siendo recibido con una lluvia de papeles blancos en las que figuraban los nombres de los presos políticos.

O'Connor dio los nombres a Castro en una reunión nocturna que duró, como solían durar los recibimientos de Castro, desde las 11,30 hasta las 3:30 de la madrugada. Cabe señalar que el cardenal obtuvo de Castro la promesa de liberar 453 prisioneros políticos una vez que les fueran entregadas visas por parte de Estados Unidos. De alguna manera, aquello fue un éxito, aunque Castro, como siempre, lo que hizo con los presos políticos, fue negociar con sus vidas y desterrarlos.

Con los informes que disponía Fidel sobre la sabiduría del papa y su gran modestia, antes que se produjera la reunión definitiva entre el papa y Fidel, un alto dignatario católico cubano comentó que había estado conversando con Juan Pablo II. El sumo pontífice se interesó en conocer más de cómo era Fidel personalmente.

Pero la fecha se iba acercando y todo estaba retrasando. Al ir acercándose y la mayor parte de los problemas sin resolver, no había más remedio que retrasar o suspender el viaje. En octubre de 1997, el portavoz papal Joaquín Navarro Valls, voló a la Habana, para reunirse con Castro.

La visita empezó con malos augurios, ya que antes de la reunión los comandantes le informaron de que debía dirigirse a Castro, llamándole comandante, a lo que se negó, diciéndoles que se dirigiría a él llamándole «Sr. presidente», clara señal de que la iglesia no estaba dispuesta a seguir el juego ideológico del dictador.

Al fin, a última hora de la tarde 7:45 empezó la reunión. Lo primero que hizo Castro, fue preguntarle por el papa, a lo que Navarro Vals, contestó: «Sr. presidente le envidio».

Castro quedó desconcertado, pues no era esta la respuesta que esperaba, preguntado el porqué de aquella envidia.

Navarro le respondió: «Porque el papa reza por usted cada día, reza para que un hombre con su formación, encuentre el camino de regreso hacía Dios».

Castro se quedó en silencio, mientras el enviado papal le detallaba la rutina diaria del papa. Según comentaría tiempo más tarde Navarro Vals, Castro parecía distante, serio y reflexivo, como añorando su infancia.

A continuación entraron a abordar los distintos temas, fijando en primer lugar la fecha definitiva de la visita para el día 21 de enero de 1998, haciéndole saber que aquella visita debería ser un gran éxito y sorprender a todo el mundo, aclarándole muy bien lo que para la iglesia significaban las palabras: «éxito» y «sorpresa».

La primera petición que hizo el cardenal, sorprendió a Castro; el que se declarase fiesta nacional la Navidad. El dictador en principio se negó, argumentando que entorpecía la zafra de la caña de azúcar. Al final accedió, aunque matizó que solo por ese año.

Navarro Valls, le dijo que el papa demostraría su agradecimiento por ello cuando llegase al aeropuerto de la Habana.

El siguiente tema era el problema de los visados para los sacerdotes y monjas que querían ir a trabajar en Cuba. Castro intentó darle largas, justificándolo con la lentitud de los trámites burocráticos. Pero el cardenal le dijo que eran necesarios para poder preparar adecuadamente la visita. Resignado, Castro le preguntó que cuantos necesitaba con urgencia. Al fin, dando palos de ciego Navarro Valls le dijo que el cincuenta por ciento de los que la habían solicitado. Pocos días después se concedieron cincuenta y siete visados, justo los solicitados con urgencia.

Un nuevo asunto era el de la asistencia del pueblo a los actos papales. Para ello, el régimen tendría que dar permiso a los trabajadores para la asistencia a un acto religioso, lo que iba contra todos sus principios. Era evidente que el dictador se resistió, hasta que Navarro Valls le preguntó: «Sr. presidente ¿Cuántos jefes de estado han visitado Camagüey o Santa Clara? Su gobierno está brindando una cortesía oficial a un jefe de Estado, no se trata de la asistencia a una fiesta religiosa». Al fin Castro accedió a dar seis horas libres.

La reunión finalizó a las tres de la madrugada, con todos los objetivos conseguidos. El propio Castro acompañó al cardenal hasta el coche y comentaría después que había sido todo muy cordial, como si se tratara de una visita familiar. Pero aún quedaban escollos pendientes, ya que no todos los funcionarios estuvieron tan dispuestos como Castro a dar facilidades.

La primera dificultad surgió con Caridad Diego, de línea dura, jefa de asuntos religiosos del gobierno.

Al abordar la cuestión de la asistencia de público, Caridad le dijo que por eso no se preocupara, que las plazas estarían llenas.

Pero Navarro Valls, consciente de la estrategia, le preguntó: «¿De su gente o de la mía?»+.

Caridad empezó a quejarse del precio del transporte, prometiéndole que al menos el setenta y cinco por ciento de los que quisieran asistir podrían hacerlo en transporte gratuito. El cardenal le dijo que si era por dinero no se preocupara, ya que una de las agencias para el desarrollo de la Iglesia Alemana; Adveniat o Miserior se había ofrecido a ayudar en el aspecto económico. No sentó muy bien aquello a Caridad Diego quien repuso enfadada: «¡No somos tan pobres!».

Aún quedaba un último escollo por sortear, el tema de los medios de comunicación. El gobierno cubano proporcionaría los servicios básicos a los reporteros a precios abusivos, pero siempre para el exterior. Dentro de Cuba proponía limitar la cobertura televisiva a una transmisión en circuito cerrado con una sede central de prensa en la Habana. Navarro le repuso que aquello parecería ridículo y que darían a la prensa mundial la imagen de un «papa virtual» que no podría ser visto por los cubanos. Caridad puso la excusa de la falta de servicios, pero este argumento no le valió de nada, ya que Navarro sabía que el Primero de Mayo habían dedicado veinticuatro horas a la repatriación de los restos del Che Guevara.

Este espinoso asunto quedó en el aire, resolviéndose definitivamente veinticuatro horas antes de la llegada del papa a la Habana. Se realizaría una emisión nacional de televisión de las ceremonias de llegada y partida, la misa papal de clausura en la Habana y en emisiones regionales, se retransmitirían, las misas del papa en Santa Clara, Camagüey y Santiago.

Así, tras estos convulsos años, se llegó a noviembre de 1986 en que Fidel Castro, visitó al papa Juan Pablo II en Roma, con motivo de su asistencia a la reunión de la Organización de las Naciones Unidas para la Agricultura y la Alimentación. Quedando confirmada la visita del papa para 1988, aun cuando quedaban numerosos asuntos en el aire. Pero antes debemos hablar de la visita de Fidel Castro al Vaticano.

Fidel Castro visita al papa en el Vaticano

En un verdadero misterio se transformó la participación de Fidel Castro en aquella cumbre, y algunos diarios incluso informaron en sus primeras páginas que había llegado a Italia. Numerosos periodistas esperaron durante varias horas en el aeropuerto internacional de Fiumicino, en Roma, rodeado de un imponente operativo de seguridad. Se esperaba que el presidente cubano llegara alrededor de medianoche. En tanto, 2.100 peticiones de entrevistas habían sido presentadas a la embajada de Cuba en Roma. Los informativos de radio y televisión informaron además ese viernes sobre su participación en la Cumbre. Pero todo era confusión. Castro tenía claro que su país necesitaba ayuda. La caída del muro de Berlín había transformado la economía cubana y era difícil soportar aquella situación; su pueblo estaba pasando necesidades básicas y en cualquier momento podría producirse una conmoción.

Los rigurosos controles en la sede de la Organización de las Naciones Unidas para la Agricultura y la Alimentación (FAO) se hicieron aún más intensos tras el anuncio de su intervención en la sesión plenaria de la tarde.

Cuando todos esperaban que apareciera el presidente cubano, un periodista hizo la más elemental de las preguntas al ministro de Relaciones Exteriores de Italia, Lamberto Dini: —¿Llegó Fidel Castro?

—No —fue la lacónica respuesta del responsable de la política exterior del país sede de la Cumbre que debería recibir a Castro en su primera visita al país europeo. —El mal tiempo hizo atrasar su llegada. Llegará seguramente esta noche o mañana.

Castro debería haber intervenido en la Cumbre a las 14:00 horas (13:00 GMT), pero posteriormente se anunció oficialmente que su discurso había sido anulado. \

La delegación cubana ante la FAO afirmó que no podía hacer ninguna previsión sobre el momento en que llegaría a Roma.

El mal tiempo, que fue la razón dada por Cuba para la postergación del viaje, comenzó a ponerse en duda cuando las agencias de prensa italianas informaron que estaban despegando aviones del aeropuerto de La Habana. Todos estaban confusos.

Dos aviones de pasajeros de Air Europa, provenientes de La Habana y del balneario de Varadero, aterrizaron en el aeropuerto de Milán, solo con ligero atraso. Aquello significaba que las condiciones meteorológicas eran propicias para la salida de Fidel Castro.

Pero se avisó que no aterrizaría ese viernes ningún avión comercial proveniente de Cuba, porque era uno de los días de la semana en el cual no llegaban vuelos procedentes del país caribeño.

El servicio meteorológico del aeropuerto, si bien confirmó la presencia de una perturbación en el Caribe, subrayó que no se registraban ciclones ni corrientes de baja presión tan fuertes como para provocar la cancelación de los vuelos.

En la sede de FAO comenzó a circular la versión de que existiría una divergencia con Castro, quien habría pretendido la aprobación en la Cumbre de una condena al embargo norteamericano contra Cuba, en la forma de una resolución o de una declaración formal, según la agencia italiana Adnkronos. Este sería el motivo del atraso y de la eventual cancelación de la participación de Castro.

En la edición del diario Granma, órgano oficial del Partido Comunista de Cuba, que circuló este viernes con el periódico italiano *Il Manifesto*, no se mencionaba la visita de Castro. En un artículo en primera página dedicado a la Cumbre, el nombre de Castro no era mencionado ni una sola vez.

Incluso su designación como vicepresidente de la Cumbre se transformó en algo más impersonal: la elección de Cuba para ocupar una de las vicepresidencias.

En la tercera página, el director de Granma, Frank Agüero Gómez, escribió: «esperamos que la FAO una su voz al coro de las denuncias del embargo contra Cuba». Esta petición, dijo la agencia de prensa italiana, fue solicitada formalmente a la Cumbre y también fue formalmente rechazada.

Al fin, en las primeras horas de la madrugada del 16 de noviembre de 1996 el IL 62 de Cubana de Aviación se posaba en el aeropuerto. El viaje desde la Habana había demorado unas once horas. Trasladaba un ilustre visitante. Era la primera vez que el presidente cubano Fidel Castro pisaba suelo italiano.

El día 15 por fin llegó a Italia y descansó para las duras jornadas que le esperaban en aquel viaje. Esperaba conseguir alguna apertura del embargo norteamericano y para ello debía estar preparado.

El día 16, Castro pronunció su primer discurso, breve, en Italia. El uso de los alimentos como arma política fue uno de los temas más discutidos durante la redacción de la Declaración de Roma, señalaron a IPS fuentes diplomáticas. Al final se llegó a la siguiente redacción: «los alimentos no deberían utilizarse como instrumento de presión política y económica».

Este texto contó con la aprobación de Estados Unidos, que se había opuesto hasta ese momento a un pronunciamiento más categórico, como había solicitado Cuba.

Fidel entró en el salón de conferencias poco antes de las diez de la mañana. El director General de la Organización para la Agricultura y Alimentación (FAO) Jacques Diouf le dio la bienvenida.

Un helicóptero, suspendido en el aire, justo sobre la sala de conferencia, un ir y venir de gentes que tomaban posiciones para escucharlo, y una breve imagen televisiva en que se le veía vestido de civil, anunciaron su llegada al edificio de la FAO.

Las dudas que habían surgido sobre su llegada a Roma, pero sobre todo la temprana hora que le fue asignada para hablar — fue el quinto orador del día— hizo que algunos se perdieran su esperada intervención.

Cuando se anunció su turno los que no se encontraban dentro del salón plenario se sentaron frente a los televisores colocados en las diferentes salas. Su discurso era escuchado en absoluto silencio. Muy serio levantó su dedo acusador contra la comunidad internacional a la que denunció por haberse propuesto reducir solo a la mitad los actuales 841 millones de hambrientos del Tercer Mundo en los próximos 20 años.

Su voz aguda y su tradicional hablar parsimonioso fueron subiendo de tono durante su intervención.

Señor director general de la FAO,
Excelencias:

El hambre, inseparable compañera de los pobres, es hija de la desigual distribución de las riquezas y de las injusticias de este mundo. Los ricos no conocen el hambre.

El colonialismo no fue ajeno al subdesarrollo y la pobreza que hoy sufre una gran parte de la humanidad. Tampoco son ajenos la hiriente opulencia y el derroche de las sociedades de consumo de las antiguas metrópolis que sumieron en la explotación a gran parte de los países de la Tierra. Por luchar contra el hambre y la injusticia han muerto en el mundo millones de personas.

¿Qué curas de mercurocromo vamos a aplicar para que dentro de 20 años haya 400 millones en vez de 800 millones de hambrientos? Estas metas son, por su sola modestia, una vergüenza.

Si 35 mil personas mueren de hambre cada día, la mitad niños, ¿por qué en los países desarrollados se arrancan olivares, se sacrifican rebaños y se pagan cuantiosas sumas para que la tierra no produzca?

Si el mundo se conmueve con razón cuando ocurren accidentes, catástrofes naturales o sociales que matan a cientos o miles de personas, ¿por qué no se conmueve de la misma forma ante este genocidio que tiene lugar cada día delante de nuestros ojos?

Se organizan fuerzas de intervención para prevenir la muerte de cientos de miles de personas en el Este de Zaire. ¿Qué es lo que haremos para evitar que mueran de hambre cada mes un millón de personas en el resto del mundo?

Son el capitalismo, el neoliberalismo, las leyes de un mercado salvaje, la deuda externa, el subdesarrollo, el intercambio desigual, los que matan a tantas personas en el mundo.

¿Por qué se invierten 700 mil millones de dólares cada año en gastos militares y no se invierte una parte de estos recursos en combatir el hambre, impedir el deterioro de los suelos, la desertificación y la deforestación de millones de hectáreas cada año, el calentamiento de la atmósfera, el efecto invernadero, que incrementa ciclones, escasez o excesos de lluvias, la destrucción de la capa de ozono y otros fenómenos naturales que afectan la producción de alimentos y la vida del hombre sobre la Tierra?

Las aguas se contaminan, la atmósfera se envenena, la naturaleza se destruye. No es solo la escasez de inversiones, la falta de educación y tecnologías, el crecimiento acelerado de la población;

es que el medioambiente se deteriora y el futuro se compromete cada día más.

¿Por qué la producción de armas cada vez más sofisticadas después que concluyó la Guerra Fría? ¿Para qué se quieren esas armas sino para dominar al mundo? ¿Para qué la feroz competencia por vender armamentos a países subdesarrollados, que no los harán más poderosos para defender su independencia y donde lo que hay que matar es el hambre?

¿Por qué sumar a todo esto políticas criminales, bloqueos absurdos que incluyen alimentos y medicinas para matar de hambre y enfermedades a pueblos enteros? ¿Dónde está la ética, la justificación, el respeto a los derechos humanos más elementales, el sentido de tales políticas?

Reine la verdad y no la hipocresía y la mentira. Hagamos conciencia de que en este mundo debe cesar el hegemonismo, la arrogancia y el egoísmo.

Las campanas que doblan hoy por los que mueren de hambre cada día, doblarán mañana por la humanidad entera si no quiso, no supo o no pudo ser suficientemente sabia para salvarse a sí misma.

Muchas gracias.

Fidel planteó que para que el mundo realmente cambie es necesario que reine la verdad y no la hipocresía y la mentira. «Hagamos conciencia de que en este mundo deben cesar el hegemonismo, la arrogancia y el egoísmo».

Por último, una advertencia a los representantes del mundo:

…las campañas que doblan hoy por los que mueren de hambre, doblaran mañana por la humanidad entera si esta no quiso, no supo o no pudo ser suficientemente sabia para salvarse a sí misma.

Al finalizar el plenario se puso de pie y se llevó el aplauso más prolongado de todos los escuchados en esta cumbre. Dos minutos, según la televisión italiana. La mayoría provenían de los países del Tercer Mundo.

No lejos del salón de conferencias, en la sala de prensa, se desató una actividad delirante. Las agencias iniciaron sus envíos, la radio hizo sus crónicas incluyendo la voz de Fidel, los periodistas de televisión, radio y prensa buscaban entrevistarlo.

Algunos delegados hablaron con la prensa. Calificaban el discurso de «desafío al occidente rico». El corresponsal de la agencia mexicana Notimex, Jorge Gutiérrez resaltaba:

> El carisma personal del líder cubano y la fuerza de su discurso parecen revivir las esperanzas de un tercer mundo casi ignorado en esta Cumbre». Otro plantea: Es un extraterrestre que defiende al planeta hambre.

Las palabras de Fidel eran reflejadas ampliamente por todos los medios de comunicación, que también destacaban que el presidente español José María Aznar y la delegación norteamericana no estuvieron presentes durante su intervención.

Valentino Parlato, director del periódico IL Manifesto, resaltó: «Lo critico, pero estoy con él», y agregó: «Cuando Romano Prodi anunció el nombre de Fidel, como vicepresidente de la Cumbre de la FAO en representación de América Latina, en la sala hubo una ovación».

A su vez Pino Rauti, secretario del Movimiento Nacional-Llama Tricolor (extrema derecha) en una entrevista que lleva el siguiente titular: «Honor al enemigo», puntualizó:

Es una gran ocasión la visita de Fidel en Italia. El líder cubano es un personaje enorme, un gigante de historia, que guarda intacto todo su encanto. Continúa siendo punto de referencia importante para muchos. Se debe reflexionar sobre su gran personalidad y desde el punto de vista humano merece todo el homenaje.

Fidel Castro se introdujo a la Cumbre de la Alimentación en el bolsillo, ya que no solo cosechó cinco rondas de aplausos —un récord— sino también la simpatía y el apoyo de decenas de representantes tanto de los países en desarrollo como de las naciones ricas. Castro habló de los logros en su país en los últimos 30 años, a pesar del embargo estadounidense, escribió el periodista italiano Gorgio Oldrini.

En horas del mediodía el presidente cubano se reunió con el director general de la FAO, Jacques Diouf. Trataron temas relacionados con la situación alimentaria en el mundo. Posteriormente Fidel comentó a los periodistas la alta opinión que tenía de Diouf.

Diouf, director general de la FAO, dijo que, en su opinión, esta meta era apenas «mínima», y destacó que el mundo es una «aldea global» y que la solidaridad humana es una obligación de supervivencia.

Ante una sugerencia de que el embargo estadounidense podría terminar con una apertura política, Fidel Castro dijo que los logros alcanzados por Cuba en educación, medicina y nutrición se deben a la «apertura» de la revolución de 1959. «No queremos cerrar esa apertura con una nueva apertura llamada contrarrevolución», dijo.

Al día siguiente, en horas de la mañana el mandatario cubano fue recibido por el primer ministro, Romano Prodi, en el Palacio de Chigi, frente a uno de los más bellos monumentos de Roma Antigua, la columna Antonina, que narra en bajo relieves las aventuras y desventuras del Emperador Marco Aurelio. Se pudo contemplar a ambos estadistas muy sonrientes y se supo que recordaron el encuentro sostenido en 1995 en París, cuando asistieron a los funerales de Francois Mitterand. Fidel, circunspecto al principio cuando entró al Quirinale, después pareció sentirse bastante más cómodo y hasta bromeó con los fotógrafos.

Posteriormente Fidel se trasladó al antiguo Palacio del Quirinale, hoy sede de la presidencia de la República donde debió pasar entre gigantescos «corazieri» vestidos con sus trajes de galas y sus cascos plateados de largo penacho, hasta el salón donde lo esperaba el mandatario italiano Oscar Luigi Scalfaro. Poco se sabe de aquella reunión, solo que estaban el primer ministro, Romano Prodi, y el alcalde de Roma, Francesco Rutelli. Posteriormente acudió a recepción ofrecida por la FAO. Con estos actos había acabado su primer día de estancia en Roma.

El día 17 empezó su calvario de reuniones. Su primera reunión fue con Katherine Bertini directora ejecutivo del Programa Mundial de Alimentos, de Naciones Unidas. Una mujer que había asistido a los millones de víctimas de guerras y desastres naturales en África, Asia, América Latina y Medio Oriente. Interesada en evitar la hambruna en Afganistán mediante la entrega de enormes cantidades de ayuda alimentaria que se necesitaba con urgencia en 2001; garantizar el suministro de alimentos durante las crisis en Bosnia y Kosovo; y evitar la hambruna masiva que amenazaba a 16 millones de personas en el Cuerno de África. A continuación mantuvo una larga conversación con René Preval, recién elegido primer ministro de Haití.

Un país con grandes necesidades en aquellos momentos y al que es muy probable que le ofreciera asistencia médica, la única posible para Cuba por aquellos días.

De allí pasó a mantener una conversación con Deve Gowda, primer ministro de la India, que celebraba en aquel año el aniversario de su independencia.

Por último mantuvo una reunión con Joao Bernardo Vieira, presidente de Guinea Bissau. Es muy posible que en aquella reunión tratara el asunto de las tropas cubanas en aquellas latitudes. Por último celebró una reunión en el salón plenario de la FAO y después asistió a la cena ofrecida por Gianni Agnelli, director de la empresa automovilística FIAT y uno de los hombres de negocios más importantes de Italia, en su residencia a pocos metros del Palacio del Quirinale, en el propio corazón de Roma. También estuvo presente Susana Agnelli, hermana del anfitrión y que hasta hace poco tiempo había sido ministra de Relaciones Exteriores.

Agnelli comentó posteriormente a la prensa que para él no había sido «nada embarazoso encontrarme con Fidel Castro en mi casa. Es un hombre que representa un pedazo de historia importante».

El día siguiente, 18, se trasladó al Hotel Holiday Inn, para seguir manteniendo reuniones con distintas personalidades, siendo la primera de ellas con Fausto Bertinotti, secretario nacional del Partido Refundación Comunista. A continuación mantuvo una reunión con Massimo D'Alema y con Lamberto Dini, secretario general del partido Demócrata de Izquierdas. Aunque el resultado de aquella reunión en aquel momento era un bálsamo para Castro, poco tiempo después todo cambió.

Castro se mostró abierto al diálogo, y «de un diálogo abierto todos podemos ganar, tanto Europa como Estados Unidos», dijo Dini a la prensa.

Agregó que la eventual intensificación de las relaciones económicas» de la Unión Europea (UE) con La Habana deber ser «acompañada en Cuba por un progreso en el respeto de los principios democráticos y de los derechos de los ciudadanos».

Al respecto, destacó que hay «en preparación para 1997» un acuerdo de cooperación económica y financiera entre la UE y Cuba.

Según Dini, Castro consideraba que las reglas y los métodos en vigor en su país eran malinterpretados en el exterior, pero tenían una gran apoyo entre la población cubana. Así mismo, el canciller «felicitó» a Castro por la apertura económica cubana, que concede lugar a iniciativas privadas y empresas mixtas «con resultados muy satisfactorios».

«Cuba se estaba transformando en la isla preferida de los italianos», ya que casi 200.000 habitantes de la península visitarán este año aquel país, informó Dini, que conversó durante una hora con el presidente cubano en el hotel en que este se aloja.

Castro recibió también a Massimo D'Alema, secretario del Partido Democrático de Izquierda (PDS), la principal fuerza de la coalición de gobierno.

D'Alema comunicó a la prensa haber señalado al líder cubano «la necesidad de proceder hacia una renovación democrática», aunque puntualizó que «no nos corresponde decir a Cuba cómo hacer las reformas democráticas».

Fue ovacionado en la Cumbre Mundial de Alimentación, finalizada el domingo en Roma, y según D'Alema, «el secreto» de esos aplausos consiste en que el presidente de Cuba «dice la verdad». El líder cubano se reunió además con empresarios, siempre a puertas cerradas, y participó en una asamblea organizada por la Asociación Italia-Cuba.

El canciller de Italia, Lamberto Dini, sugirió hoy la posibilidad del aumento de las relaciones entre «La Habana y Occidente», después de entrevistarse con el presidente cubano Fidel Castro, que visita esta capital. Por último se reunió con varios empresarios cubanos. Ahora le esperaba al día siguiente su visita al Vaticano, tal vez el motivo real de la visita de Castro a Roma. Poco tiempo después el camino que había abierto Castro en aquella visita se rompió, al ver como Italia no daba un solo paso en el camino marcado.

Pero la noticia más esperada por los periodistas y por el mundo en general fue dada a conocer por la sala de prensa del Vaticano: el papa Juan Pablo II y Fidel Castro se reunirían el martes 19, a las 11 de la mañana. De aquella reunión el papa estaba bien informado ya meses antes que se produjera la reunión entre el papa y Fidel un alto dignatario católico cubano comentó que había estado conversando con Juan Pablo II. El sumo pontífice se interesó en conocer cómo era Fidel personalmente. El prelado le dijo que tan pronto él y el máximo dirigente cubano se sentaran a conversar se llevarían de lo mejor y que ese sería un encuentro histórico. Juan Pablo II estuvo de acuerdo. Fidel Castro pensaba lo mismo.

La Ciudad del Vaticano se extiende a poca distancia de la ribera derecha del Tiber, en Roma. El territorio del Estado —el más pequeño del mundo—, ocupa una superficie de casi 44 hectáreas y nació con el Tratado Lateranense, estipulado entre la Santa Sede y el Reino de Italia el 11 de febrero de 1929.

Su población está formada por personas de diversa nacionalidad, en su mayoría italiana, pasan de los 700 habitantes. Unos 400 poseen la ciudadanía vaticana y el resto está autorizado a residir conservando la ciudadanía de origen.

La forma de gobierno del Estado es la de una monarquía electiva vitalicia. El jefe del Estado es el sumo pontífice, a quien corresponde la plenitud del poder legislativo, ejecutivo y judicial. En el periodo de sede vacante, estos poderes son asumidos por el Sacro Colegio cardenalicio.

La representación del Estado y sus relaciones con los gobiernos están reservadas al papa, quien la ejerce por medio de su secretaría de Estado.

El Estado de la Ciudad del Vaticano tiene moneda y sellos de correos propios. Las monedas vaticanas tienen curso legal tanto en Italia como en la República de San Marino.

Aquel día, algunos medios de prensa revelaron algo verdaderamente insólito: Fernando Villalonga, Secretario de Estado para la Cooperación y para Iberoamérica de España había solicitado a nombre de su gobierno que el papa no recibiera al presidente cubano. La petición fue rechazada por la Santa Sede.

A la hora señalada llegó el momento histórico, Fidel hizo su entrada a la Ciudad del Vaticano por el Arco de las Campanas, situado a la izquierda de la Basílica de San Pedro.

Diez minutos antes de la hora señalada para la audiencia la caravana de autos en que viajaba Fidel cruzó la histórica Plaza de San Pedro, atravesó el patio de San Dámaso, en el corazón del minúsculo Estado Vaticano y fue conducido a la biblioteca privada del Santo Padre. Era una mañana húmeda y fría.

Una hora antes, la oficina de prensa de la Santa Sede informó que por decisión de la cancillería vaticana ningún representante de los medios de comunicación podría presenciar la llegada del presidente cubano. Solamente los fotógrafos y camarógrafos oficiales dejarían constancia del histórico encuentro.

A su llegada, Fidel fue recibido por un contingente de la Guardia Suiza vaticana en uniforme de gala, que le rindió plenos honores como jefe de Estado y por el arzobispo Dino Monduzzi, prefecto de la casa pontificia quien lo condujo hasta el papa que lo aguardaba en su biblioteca personal ubicada en el segundo piso del Palacio Apostólico, un edificio del siglo XVI lleno de frescos y pisos de mármol.

«Bienvenido, gracias por su visita», le dijo Juan Pablo II a Fidel y el presidente cubano le respondió inclinándose levemente: «Su Santidad, para mí es un gran honor estrechar su mano».

Seguidamente, Fidel le presentó a Juan Pablo II a los integrantes de su comitiva, y siguiendo las tradicionales normas del protocolo, se intercambiaron regalos. El papa le obsequió el tríptico de medallas de su pontificado, en bronce, plata y oro. A su vez, el mandatario cubano le entregó una concha marina, con una escultura labrada en plata.

Vistiendo sotana blanca y el pectoral colgando sobre el pecho el papa se sentó detrás de su escritorio de trabajo y frente a él en un traje azul oscuro, camisa blanca y corbata roja el presidente cubano.

El hecho de que nadie estuviera presente en el histórico encuentro celebrado en la biblioteca privada del papa impide que se pueda percibir lo que sentían esos dos hombres, pertenecientes a mundos tan distintos, cuando estuvieron frente a frente.

La conversación duró treinta y cinco minutos. No hubo testigos. El intérprete no era necesario, el diálogo era en español. Al despedirse Fidel le dijo: «Santidad, espero verlo pronto en Cuba». Lo único que se supo de aquella reunión fue que: lo que el director de la Oficina de Prensa de la Santa Sede, Dr. Joaquín Navarro-Valls informó a los periodistas que

…se han examinado cuestiones concernientes a la normalización de las condiciones de existencia de la Iglesia en Cuba y en general, el papel de los creyentes en la vida nacional. El presidente Fidel Castro ha renovado al Santo Padre la invitación a visitar Cuba, concretamente a lo largo del próximo año».

De aquella reunión solo surgió una anécdota (no sabemos si verdad o no). Solo dice que Su Santidad, en la visita que realizó Fidel Castro, le habló de «abrir» el país el mundo, a lo que el presidente de la isla le respondió que no podía hacerlo «porque tengo una pistola en la sien», en referencia, en parte, al problema de los exiliados y del gobierno estadounidense. Pero Castro mantuvo su postura y no le hizo caso. «*Ábrete al mundo que yo te quito la pistola*», le contestó Juan Pablo II.

Más tarde el presidente Castro se encontró con el cardenal Angelo Sodano secretario de Estado del Vaticano, con quien conversó durante 45 minutos, estando presente monseñor Jean Louis

Tauran, jefe de la diplomacia del Vaticano. Antes de abandonar El
Vaticano Fidel visitó la Basílica de San Pedro, incluida la cripta de
los Papas.

A partir de entonces comenzó la preparación de la visita.
Teniendo en cuenta que eran numerosos los problemas que resolver: escasez de personal religioso, ya que el régimen bloqueaba
la entrada de sacerdotes y monjas dispuestos a trabajar en la isla;
dificultades de acceso de la iglesia a los medios de comunicación;
proscripción a la iglesia para que distribuyera la escasa ayuda humanitaria que se recibía, queriendo ser el estado el que ejerciera
esta función; la logística para que el público pudiera acudir a los
distintos eventos y el más espinoso de todos el de los 900 presos
políticos que se calculaban había en aquellos momentos.

En horas del mediodía Fidel ofreció un almuerzo a altos dig-
natarios eclesiásticos que habían visitado Cuba o que tenían que
ver con asuntos cubanos. A esta comida asistieron los cardenales
Roger Etchegaray, presidente del Pontificio Consejo de Justicia y
Paz y Bernardin Gantin, quien encabezaba el Colegio de cardena-
les, encargado de elegir la os papas. Junto a estos se sentaron los
cardenales Agostino Casaroli, Pironi, Fiorenzo Angelini, Carlos
Furno junto con el arzobispo Tauran y el obispo español Cipriano
Calderón, secretario de la Comisión Pontificia para América
Latina.

Fidel aprovechó la ocasión para hablarles de la profunda y positiva impresión que tenía de Juan Pablo II y pronunció elogios hacia
la figura del papa. El cardenal Gantin, en nombre de los asistentes,
manifestó que se sentía muy emocionado por lo que acababa de
oír. Abordado por los periodistas el obispo Calderón, calificó el almuerzo de «encuentro fraternal». En horas de la tarde Fidel volvió
al Vaticano. Quería hacer realidad un viejo sueño: visitar la Capilla

Sixtina, cuyos frescos, pintados por Miguel Ángel ese gran artista formado en Florencia, habían sido restaurados recientemente.

El mandatario observó detenidamente todos los detalles. Quedó maravillado al contemplar los 160 metros cuadrados del «Juicio Final», un impresionante torbellino de 336 figuras que muestran la terrible visión de Miguel Ángel de los últimos momentos de la humanidad. Su vista se fijó detenidamente en lo que es probablemente la escena más famosa en la historia del arte: el brazo de un Dios con barbas acercándose para darle vida a Adán en el acto de la creación. «Una maravilla», susurró en voz baja Fidel, como si hablara consigo mismo. En un hecho que especialistas en asuntos del Vaticano califican sin precedentes, las autoridades permiten que se le tomen fotos a Fidel durante su estancia en la Capilla Sixtina.

Fidel mandó a colocar una corona de flores en la tumba de monseñor Cesare Zacchi, quien durante catorce años, 1961-1975, estuvo al frente de la Nunciatura Apostólica en Cuba.

> Recuerdo mucho, mucho, mucho a Zachi. Fue el gran luchador, el gran cruzado, el gran campeón de las relaciones entre el Estado y la Iglesia en los difíciles primeros tiempos de la Revolución. Lo recuerdo con mucho cariño. Siento una gran admiración por él.

Expresó Fidel cuando le preguntaron de cómo recordaba a este representante del Vaticano en la Isla. Zachi quedó tan impregnado de Cuba que puso en su escudo episcopal la estrella en el triángulo y los colores de la bandera cubana.

Cientos, o yo más bien diría miles de periodistas de todo el mundo, se disputaban poder estar presentes en las pocas declaraciones públicas del líder cubano. No era para menos, tras la caída del muro de Berlín unos años antes, parecía que otro tipo de muro entre dos grandes rivales ideológicos se derrumbaba en Roma. Los representantes, de formas totalmente distintas de ver la vida al mundo, se tendían por primera vez la mano.

Tras el encuentro, José Levi consiguió lo inesperado, ser el único periodista que entrevistó ese mismo día a Castro.

En sus palabras, y para su sorpresa, las expresiones con las que se refirió entonces a Juan Pablo II eran, hasta entrañables:

José Levy: ¿De qué hablaron en su reunión histórica entre usted y el papa?

Fidel Castro: Realmente el papa fue tan amable que me dejaba hablar a mí casi todo el tiempo, me recibió con su rostro bondadoso, noble, me sentí bien realmente al encontrarme con él. Le di las gracias por la visita, le expresé mi satisfacción por su pronta recuperación y le expresé admiración por la valentía con la que ha afrontado las enfermedades y las dificultades que ha tenido.

Después conversamos sobre su magnífico discurso en la conferencia cumbre, los temas que abordó: la pobreza, la opulencia, las diferencias entre pobres y ricos, la carrera armamentista y los gastos de la carrera armamentista, y también la deuda externa que es un problema importante. Sobre estos temas le hablé con gusto, hablamos de cosas históricas, lo que conocía de él y de su historia, hablamos de América Latina de cómo fue la historia de América Latina que fue una historia exactamente igual a la de Polonia, donde nacieron junto a la Iglesia y el Estado, cuando se convirtieron al cristianismo.

De todos esos temas le reiteré la invitación, le hablé de su viaje a América Latina y de sus prédicas a favor del campesino, de las mujeres, de los desempleados, de los indios… y si más yo le quería hablar o tomar la palabra, yo le hablaba y él esperaba, se expresaba con sosiego y con brevedad. Entonces yo continuaba con mi conversación, porque no sabía qué iba a hablar, pero fue tan amable, tan generoso, que más bien abrió las posibilidades para que yo le explicara cosas, mis problemas, mis dudas...

Realmente salí muy satisfecho de la entrevista con el papa y no hay ningún secreto; la entrevista era importante por el papa, no por mí, por la mucha expectación y yo decía ¿por qué? Si el papa y yo no podemos resolver todos los problemas del mundo. El papa sí, yo no soy más que un modesto visitante, tú sabes cómo son los protocolos del papa, y yo vine a Roma sabiendo que todos los que vienen, quieren saludar al papa, y expresé mi deseo de saludarlo. Aceptaron gustosamente mi entrevista, eso es lo que hablamos, no más misterios, creé un clima, una atmósfera y para mí ha sido una lección muy importante, y la personalidad de este papa, sin duda, es una de las personalidades más extraordinarias de estos tiempos, pero te he dicho en esencia, en media hora no se puede hablar mucho.

Levy: ¿Cree que esta reunión quizás marcará un nuevo capítulo en la relación de Cuba con la Iglesia Católica?

Castro: Como ya le expliqué, las relaciones han tenido problemas, dificultades, pero ninguna ha sido traumática, nunca ha habido un sacerdote físicamente agredido, humillado. Nunca ha habido un templo cerrado. Ha habido polémicas y discusiones en cuestiones teóricas, y en ese tipo de cosas ninguna ha causado trauma. Creo que la única revolución en el mundo porque en todas partes con la Revolución francesa, cuando la Revolución rusa, cuando la Revolución civil española... Con la mexicana, conozco un poco de todas las revoluciones que han existido en todas partes. Y en la nuestra no pasó ninguno de estos problemas.

Levy: ¿Trataron la Ley Helms Burton?

Castro: Bueno, lo que hice fue darle las gracias por la posición del Vaticano expresada en la declaración... Que le di las gracias por eso y le dije que era muy importante ese apoyo. Importante por el poder espiritual de la Iglesia, que es grande en el mundo, y especialmente de este papa.

Levy: ¿Qué les diría a los senadores que hicieron la Ley Helms Burton?

Castro: ¿Qué le voy a decir? Que ojalá en el futuro sean más sabios y justos. No le tengo que pedir nada. Le diría que resistiremos sus leyes, sobrevivirá la revolución y avanzará.

Y algún día todo eso pasará a la historia como una gran estupidez, y aparte de eso un gran crimen. Un intento por matar por hambre y por medicamentos a un pueblo. Eso la historia no lo perdona.

Levy: ¿Cómo se siente estos días despertando un interés desmesurado, que creo que otros líderes no han tenido antes en todos los medios de comunicación en el mundo?

Castro: Como dije, no pude participar en las grandes ligas, ni en los grandes campeonatos de básquet, mi opción fue política y no hay ningún misterio en eso. Es muy sencillo que me he atenido a mis condiciones de la verdad y la he dicho, y como pocos en el mundo hoy se sienten en libertad de decir la verdad porque sufren las consecuencias. Cuba se siente más libre porque está bloqueada, porque no pertenece al Fondo Monetario Internacional, no pertenece al Banco Mundial, ni a ninguna institución de crédito y tiene libertad.

Si no lo fuéramos, trataríamos de decir la verdad, pero al estar excluidos de este mundo nos da libertad y mucha gente que quiere decir cosas y no pueden, se alegran de que las digamos. Pero en

esencia no es un mérito mínimo, es simplemente la buena voluntad y generosidad de la gente que he encontrado en todas partes.
Porque llevamos varios años luchando, hemos sido firmes, hemos
sido fieles a nuestra idea, no tengo ninguna otra explicación y me
satisface, no por mí, sino porque lo que pueda llegar a crear un poquito de conciencia de las injusticias de este mundo, no nos queda
más remedio que resolver, porque no tenemos otra alternativa.

Levy: ¿Es por el tema del hambre que está aquí en Roma?

Castro: En los últimos cinco años la población aumentó en 500
millones, la producción de cereales se redujo en 100 millones, estamos en una catástrofe muy seria y larga de explicar, pero creo
que la confederación ha sido muy buena porque ayuda a crear
conciencia igual a la del medioambiente, igual a la del desarrollo
social, igual a las comunidades en Estambul lo he podido apreciar.
Muchos gobiernos están oyendo hablar por primera vez de estos
problemas.

Levy: Muchas gracias, señor presidente.

Castro: Encantado.

El encuentro de Fidel con el papa y la aceptación de este para
visitar la Isla se convirtió en la principal noticia de todos los medios de comunicación en el mundo. En conversación con los periodistas al ser preguntado cuál fue su impacto personal al conocer al papa, Fidel dijo:

Un impacto muy fuerte. Pude observar un rostro bondadoso y noble realmente. He observado a un hombre noble, bueno, amable,
en buena salud. Realmente me sentí emocionado al saludar a una
personalidad tan destacada y que ha jugado un papel tan importante en el mundo entero.

Un corresponsal español le recordó que durante muchos años había estudiado en colegios católicos.

—¿Qué pensamientos le trajo al encontrarse a solas con el Santo Padre?»

—¿Qué pensamiento me trajo? Sí, doce años estudié en escuelas católicas. Cuatro y medio años con los Hnos. de la Salle y el resto hasta doce años con sacerdotes Jesuitas. Mis primeros libros fueron libros religiosos. Leía la Biblia, en aquella época le llaman la Historia Sagrada, y me agradaban aquellas cosas de tal manera que las recuerdo mucho y en ocasiones, hago citas bíblicas precisamente por esa tradición. Creo que esas tradiciones influyeron en mi vida, en el respeto que siento por las creencias religiosas. Mi madre muy religiosa, mi abuela también. Como tuve una vida azarosa, de luchas, rezaban, hacían promesas y todas esas cosas conmueven e influyen. Y aun cuando yo tenía diferente pensamiento cuando terminé de las escuelas religiosas y adquirí otras concepciones de la vida, del mundo, de sus orígenes siempre fui muy respetuoso con todas esas creencias. Y cuando yo era niño —y de eso no hace tanto tiempo porque el tiempo pasa demasiado rápido— no hubiera imaginado que en un día como hoy me reuniera en un almuerzo con un grupo de cardenales que han visitado a Cuba, con todos los cuales he hablado y que siempre dejaron en nuestro país una buena impresión. Mucho menos la idea de reunirme con el papa y eso naturalmente me impresionaba. Me reuní con un papa de una gran personalidad, de características excepcionales, que ha jugado un papel importante en el mundo de hoy y entonces allí, naturalmente que tenía que ser para mí una reunión de especial carácter. Fue una reunión buena, realmente me sentí sereno, pero honrado y emocionado en esa entrevista que no concebía cuando andaba correteando por aquellos colegios religiosos, donde me dediqué mucho al deporte, era relativamente buen estudiante y no tengo realmente ninguna crítica que hacer, sino guardo gratos recuerdos de aquellos años.

Un representante de la televisión italiana quiso saber si había hablado con el papa sobre el embargo y si Cuba había aceptado las condiciones de la Santa Sede en relación con la visita del Santo Padre a la Isla.

—Debes comprender que yo no podía aparecerme ante el papa mostrando un ansioso interés sobre estos temas. Me limité a darle las gracias al Vaticano por las declaraciones que hizo el cardenal Echegaray en nombre del Vaticano, contra el embargo, no embargo, el bloqueo que llamamos nosotros a la ley Helms-Burton. Invité o ratifiqué la invitación al papa pero bajo ningún concepto, por un sentido de la caballerosidad, del honor y del respeto, le podía poner condiciones al papa. Tampoco el papa me puso a mí absolutamente ninguna condición. El papa es libre y lo trataremos con el respeto a que es acreedor.

Una periodista turca quiso que le explicara a que se debe la simpatía que él evoca por dondequiera que va a pesar de tantos años en el poder.

—No me he considerado un hombre con muchos años en el poder. No tengo ese concepto del poder. Me considero un revolucionario, me considero un esclavo del deber. Un deber que he tratado de cumplir con dignidad y honor. No soy artista. No tengo ningún carisma, de esas cosas que se llaman carisma. Creo que si acaso me pudiera atrever aceptar una virtud es el hecho de haber sido honesto, de haber sido sincero y de haber tratado de decir la verdad en este mundo. Por alguna razón me he sentido libre de poder hablar y lo que hago en estas reuniones es hablar y decir lo que creo que es la verdad. No tengo más talento que los demás, no soy poseedor de todos los conocimientos. He tenido una vocación política y no la concibo sin ser francos y sin decir lo que pienso y evidentemente ese hecho me ha dado cierta popularidad, cierto respeto, cierto apoyo, pero no me considero más que un humilde luchador. Todo lo demás viene de la nobleza y de la generosidad de aquellos han sido receptivos a mis opiniones y a mis ideas.

—¿Se considera satisfecho de sus logros? —indagó nuevamente la turca.

—¿Si me considero satisfecho? Son tan pocos que no me puedo considerar demasiado satisfecho. Pero si estoy satisfecho del máximo esfuerzo que he hecho a favor de causas que considero justas».

Ya por la tarde se reunió con personal cubano de las embajadas ante el gobierno de Italia, la FAO y el Vaticano.

Al día siguiente y antes de partir para Cuba, se dedicó a visitar al alcalde de Roma, Francesco Rutelli. Pero volvió al Vaticano para visitar las obras de restauración del antiguo Capitolio de Miguel Ángel, la estatua ecuestre de Marco Aurelio y una visita al área arqueológica del Foro Romano.

Con estas visitas acabó aquel viaje. Castro y el papa habían conseguido sus objetivos. Solo faltaba que el papa visitará la Habana, para lo que habría aún que esperar, al punto que un año antes aún no se había preparado todo.

Nada autoriza, en realidad, a suponer que Castro tratara de convencer al papa de que el derecho del hombre a la alimentación y la salud precede a los derechos de reunión y otras libertades, o que le envolviera en un discurso de solidaridad que tiene más de un punto en común con el que suele hacer Juan Pablo II. La audiencia se celebró en español a puerta cerrada, en la biblioteca personal del papa.

El portavoz añadió que los dos jefes de Estado examinaron durante esta entrevista de carácter privado «cuestiones corno la normalización de las condiciones de existencia de la Iglesia en Cuba y, en general, el papel de los creyentes, católicos o no, en la vida nacional cubana». Confirmó Navarro que un interés fundamental de la Iglesia en Cuba es lograr un mayor acceso a los medios de comunicación y una mayor presencia pastoral que la que pueden dar los 200 sacerdotes que allí viven. Dijo que «Castro apreció mucho el papel de la Iglesia en la educación y en la asistencia», y opinó que Castro no pidió probablemente una condena directa del embargo, porque el papa ha hablado ya suficientemente contra ese tipo de medidas, tanto en general como referidas al caso cubano.

Pero «lo más importante», subrayó el propio Navarro, «es que el papa haya aceptado la invitación para visitar Cuba».

Ayer no se fijó una fecha de realización de ese viaje, que también Castro considera «muy importante» para romper el aislamiento de su país. Esto, sin temor a las críticas a su propio régimen que puedan producirse, en la medida en que el Pontífice no renuncia nunca a la libertad de decir en cada sitio lo que considera oportuno, según recordó ayer Navarro.

Las dos partes, añadió el portavoz, «insistieron en que confían en que el viaje se pueda hacer durante el próximo año». Una oportunidad podría ser la visita a Brasil que Juan Pablo II tiene previsto realizar en octubre de 1997, «pero no es la única», afirmó el portavoz vaticano.

«Santidad, espero verle pronto en Cuba», dijo Castro para despedirse. «Gracias, mi, bendición para el todo el pueblo cubano», le respondió Juan Pablo II. El portavoz no precisó sobre si el papa condicionó el viaje a que Cuba realice progresos en el campo democrático, y dijo que «el simple hecho de que Castro haya estado aquí hablando de ciertas cosas es ya importante». «Algunos aspectos concretos de la reconciliación cubana y de la posición de Cuba en la escena internacional» fueron, junto a la vida de los católicos en Cuba», los temas tratados por Castro y su ministro de Exteriores, Roberto Robaina, en una entrevista sucesiva, de unos 45 minutos, con el cardenal secretario de Estado, Ángelo Sodano, y con monseñor Jean Louis Tautan, ministro vaticano de Exteriores. En definitiva, los temas estaban claros, aunque sea pronto para decir si este diálogo llegaría a tener efectos comparables al que tuvo el de Juan Pablo II con Mijail Gorbachov, que casualmente había visitado el lunes anterior al Pontífice.

Calendario de la visita
del papa Juan Pablo II a Cuba

21 de enero 1998. Discursos en la ceremonia de llegada
Aeropuerto de La Habana

22 de enero 1998. Homilía en Santa Clara

23 de enero 1998. Homilía en Camagüey

23 de enero 1998. Mensaje a los jóvenes cubanos

23 de enero 1998. Discurso al mundo de la Cultura

24 de enero 1998. Homilía en Santiago

24 de enero 1998. San Lázaro, discurso: Mundo del dolor)

25 de enero 1998. Encuentro Ecuménico con otras
Confesiones Cristianas

25 de enero 1998. Homilía en La Habana

25 de enero de 1998. Palabras del Papa en el rezo del Ángelus

25 de enero 199. Encuentro con los Obispos

25 de enero 1998. Encuentro en la Catedral Metropolitana

25 de enero 1998. Despedida en La Habana

21 de enero. Llegada del Papa Juan Pablo II al Aeropuerto de La Habana.

Fue recibido por el presidente cubano Fidel Castro y otros líderes políticos y religiosos. Discursos.

Al fin llegó el día 21 de enero de 1998. El papa Juan Pablo II iniciaba otro de los numerosos viajes realizados durante su pontificado. Pero este no era uno más. En medio de una expectación internacional máxima, el pontífice que había contribuido al derrumbamiento del muro de Berlín aterrizaba en La Habana procedente de Roma. Todo ello a pesar de que el 6 de octubre, unos días antes, le habían realizado una intervención quirúrgica en el Hospital Gemelli. Durante el viaje, en una charla con periodistas, se mostró muy crítico con la Revolución cubana, pero comprensivo con Castro, asegurando que «reclamaría avances en derechos humanos en la isla y la revisión del embargo a Washington.»

También otro periodista le preguntó al papa qué le habría aconsejado el presidente de Estados Unidos sobre la posición que debía mantener con Cuba: «To change!». Su consejo era cambiar. Después le preguntaron qué se esperaba del presidente de Cuba. Juan Pablo II respondió: «Espero que me explique su verdad, como hombre, como dirigente y como comandante». Aquella respuesta la recibió Castro, que estaba informado al momento de todos los detalles, mientras esperaba que aterrizara el papa. Castro ya lo tenía todo preparado y había un orden del día escrito para su encuentro.

Era su 81 viaje fuera del Vaticano. El papa salió del aeropuerto romano internacional de Fiumicino. A las diez de la mañana subió al avión, un MD-II de Alitalia, que recorrió los 7.768 km de distancia en doce horas. Antes de dejar Italia, Juan Pablo II se despidió del presidente de la República, Oscar Luigi Scalfaro, con un telegrama. Envió también telegramas de saludo a los jefes de Estado de las naciones que sobrevoló: Francia, España, Portugal, Estados Unidos y Bermudas.

Aunque su destino era La Habana, el avión no descendió al llegar al territorio de la capital, sino que, alargando 15 min. su trayecto, prosiguió hasta la ciudad de Pinar del Río. Apenas aterrizó el avión en el aeropuerto José Martí de La Habana, a las cuatro de la tarde, hora local, subieron a darle la bienvenida el jefe de protocolo; el nuncio apostólico, Mons. Beniamino Stella, arzobispo titular de Fidene; y el cardenal Jaime Lucas Ortega y Alamino, arzobispo de San Cristóbal de La Habana. Pocos minutos después, el papa bajaba la escalerilla. Todas las personas que se hallaban en el aeropuerto apenas apareció Su Santidad aplaudieron sonriendo. Luego de la bienvenida, dos niños y dos niñas le presentaron una bandeja con tierra de todas las provincias y de la Isla de la juventud, para que la besara. En la bandeja se hallaba reproducido el mapa de toda la isla. Acto seguido, Juan Pablo II presentó al presidente, los miembros de su séquito: los cardenales Angelo Sodano; Bernardin Gantin y Roger Etchegaray, los arzobispos Mons. Giovanni Battista Re, Mons. Dionigi Tettamanzi, arzobispo de Génova; y otras personalidades. El presidente, por su parte, presentó al papa a sus principales colaboradores en el gobierno del país. A continuación, ya en el palco, después de 21 salvas de artillería en honor del Romano Pontífice, la banda del Estado Mayor General de las Fuerzas aéreas interpretó los himnos cubanos y pontificio. Seguidamente, se leyeron por ambas partes discursos de saludo. Luego, saludó a los obispos cubanos y a otras personalidades eclesiásticas presentes.

La primera duda se aclaró tras el aterrizaje del avión que trasladaba al papa. a las 20:58 del día 21 de enero de 1998. Fidel Castro, su Consejo de Estado, el cuerpo diplomático, la Conferencia Episcopal, encabezada por el cardenal Jaime Ortega, dieron la primera bienvenida al papa a su llegada al aeropuerto José Martí, sobre cuya fachada se había levantado un enorme cartel con la imagen del Pontífice. Castro abandonó su tradicional uniforme militar y por primera vez recibió a un jefe de Estado extranjero ataviado con un traje de civil de color azul oscuro.

Tras un apretón de manos con Castro, el papa besó un puñado de tierra colocada en una pequeña caja y sostenida por un grupo de niños cubanos.

Un Fidel Castro vestido de civil le esperaba y tras los protocolos de bienvenida, se intercambiaron las primeras palabras: La tierra que usted acaba de besar, se honra con su presencia». El papa, evidentemente cansado le respondió:

Con la confianza puesta en el Señor, y sintiéndome muy unido a los hijos de Cuba, agradezco de corazón esta calurosa acogida con la que se inicia mi visita pastoral a la Virgen de la Caridad de Cobre. Agradezco de corazón a todos: pobres, enfermos, marginados y a cuantos sufren el cuerpo en el espíritu. Alabado sea Jesucristo.

Poco tiempo después inició su primer discurso:

Señor Presidente,

Señor Cardenal y Hermanos en el Episcopado,

Excelentísimas Autoridades,

Miembros del Cuerpo Diplomático,

Amadísimos hermanos y hermanas de Cuba:

1. Doy gracias a Dios, Señor de la historia y de nuestros destinos, que me ha permitido venir hasta esta tierra, calificada por Cristóbal Colón como «la más hermosa que ojos humanos han visto». Al llegar a esta Isla, donde fue plantada hace ya más de quinientos años la Cruz de Cristo —cruz celosamente conservada hoy como un tesoro en el templo parroquial de Baracoa, en el extremo oriental del País— saludo a todos con particular emoción y gran afecto.

Ha llegado el feliz día, tan largamente deseado, en que puedo corresponder a la invitación que los Obispos de Cuba me formularon hace ya algún tiempo, invitación que el Señor Presidente de la República me hizo también y que reiteró personalmente en el Vaticano con ocasión de su visita el mes de noviembre de 1996. Me llena de satisfacción visitar esta Nación, estar entre Ustedes y poder compartir así unas jornadas llenas de fe, de esperanza y de amor.

2. Me complace dirigir mi saludo en primer lugar al Señor Presidente Dr. Fidel Castro Ruz, que ha tenido el gesto de venir a recibirme y al cual deseo manifestar mi gratitud por sus palabras de bienvenida. Expreso igualmente mi reconocimiento a las demás autoridades aquí presentes, así como al Cuerpo Diplomático y a los que han ofrecido su valiosa cooperación para preparar esta Visita pastoral.

Saludo entrañablemente a mis Hermanos en el Episcopado; en particular, al Señor Cardenal Jaime Lucas Ortega y Alamino, Arzobispo de La Habana, y a cada uno de los demás Obispos cubanos, así como a los que han venido de otros Países para participar en los actos de esta Visita pastoral y así renovar y fortalecer, como tantas veces, los estrechos vínculos de comunión y afecto de sus Iglesias particulares con la Iglesia que está en Cuba. En este saludo mi corazón se abre también con gran afecto a los queridos sacerdotes, diáconos, religiosos, religiosas, catequistas y fieles, a los que me debo en el Señor como Pastor y Servidor de la Iglesia Universal (cf. Const. dogm. *Lumen gentium*, 22). En todos ellos veo la imagen de *esta Iglesia local, tan amada y siempre presente en mi corazón*, sintiéndome muy solidario y cercano a sus aspiraciones y legítimos deseos. Quiera Dios que esta Visita que hoy comienza sirva para animarlos a todos en el empeño de poner su propio esfuerzo para alcanzar esas expectativas con el concurso de cada cubano y la ayuda del Espíritu Santo. Ustedes son y deben ser los protagonistas de su propia historia personal y nacional.

Asimismo saludo cordialmente a todo el pueblo cubano, dirigiéndome a todos sin excepción: hombres y mujeres, ancianos y jóvenes, adolescentes y niños; a las personas que encontraré y a las que no podrán acudir por diversos motivos a las diferentes celebraciones.

3. Con este Viaje apostólico vengo, en nombre del Señor, para confirmarlos en la fe, animarlos en la esperanza, alentarlos en la caridad; para compartir su profundo espíritu religioso, sus afanes, alegrías y sufrimientos, celebrando, como miembros de una gran familia, el misterio del Amor divino y hacerlo presente más profundamente en la vida y en la historia de este noble pueblo, sediento de Dios y de valores espirituales que la Iglesia, en estos cinco siglos de presencia en la Isla, no ha dejado de dispensar. Vengo como peregrino del amor, de la verdad y de la esperanza, con el deseo de dar un nuevo impulso a la labor evangelizadora que, aun en medio de dificultades, esta Iglesia local mantiene con vitalidad y dinamismo apostólico caminando hacia el Tercer Milenio cristiano.

4. En el cumplimiento de mi ministerio, no he dejado de anunciar la verdad sobre Jesucristo, el cual nos ha revelado *la verdad sobre el hombre*, su misión en el mundo, la grandeza de su destino y su inviolable dignidad. A este respecto, *el servicio al hombre es el camino de la Iglesia.* Hoy vengo a compartir con Ustedes mi convicción profunda de que el Mensaje del Evangelio conduce al amor, a la entrega, al sacrificio y al perdón, de modo que si un pueblo recorre este camino es un pueblo con esperanza de un futuro mejor. Por eso, ya desde los primeros momentos de mi presencia entre Ustedes, quiero decir con la misma fuerza que al inicio de mi Pontificado: «No tengan miedo de abrir sus corazones a Cristo», dejen que Él entre en sus vidas, en sus familias, en la sociedad, para que así todo sea renovado. La Iglesia repite este llamado, convocando sin excepción a todos: personas, familias, pueblos, para que *siguiendo fielmente a Jesucristo encuentren el sentido pleno de sus vidas*, se pongan al servicio de sus semejantes, transformen las relaciones familiares, laborales y sociales, lo cual redundará siempre en beneficio de la Patria y la sociedad.

5. La Iglesia en Cuba ha anunciado siempre a Jesucristo, aunque en ocasiones haya tenido que hacerlo con escasez de sacerdotes y en circunstancias difíciles. Quiero expresar mi reconocimiento a tantos creyentes cubanos por su fidelidad a Cristo, a la Iglesia y al Papa, así como por el respeto demostrado hacia las tradiciones religiosas más genuinas aprendidas de los mayores, y por el valor y perseverante espíritu de entrega que han testimoniado en medio de sus sufrimientos y anhelos. Todo ello se ha visto recompensado en muchas ocasiones con la solidaridad mostrada por otras comunidades eclesiales de América y del mundo entero. Hoy, como siempre, la Iglesia en Cuba desea poder disponer del espacio necesario para seguir sirviendo a todos en conformidad con la misión y enseñanzas de Jesucristo.

Amados hijos de la Iglesia católica en Cuba: sé bien cuánto han esperado el momento de mi Visita, y saben cuánto lo he deseado yo. Por eso acompaño con la oración mis mejores votos para que esta tierra pueda ofrecer a todos una atmósfera de libertad, de confianza recíproca, de justicia social y de paz duradera. *Que Cuba se abra con todas sus magníficas posibilidades al mundo y que el mundo se abra a Cuba*, para que este pueblo, que como todo hombre y nación busca la verdad, que trabaja por salir adelante, que anhela la concordia y la paz, pueda mirar el futuro con esperanza.

6. Con la confianza puesta en el Señor y sintiéndome muy unido a los amados hijos e hijas de Cuba, agradezco de corazón esta calurosa acogida con la que se inicia mi Visita pastoral, que encomiendo a la maternal protección de la Santísima Virgen de la Caridad del Cobre. Bendigo de corazón a todos, y de modo particular a los pobres, los enfermos, los marginados y a cuantos sufren en el cuerpo o en el espíritu.

¡Alabado sea Jesucristo! Muchas gracias.

En este primer saludo dejó bien claro el motivo de su visita: su mensaje era contundente, como todos los que llevaba preparado. A *más* de reclamar una nueva atmósfera de libertad, reclamó, como signo de aquella visita una nueva apertura. Todo eran dudas sobre lo que podría cambiar en aquellos días, aunque se habían tomado todas las medidas para que fuese un éxito que ayudase a mejorar la figura de Castro y no se produjesen incidentes, las autoridades del régimen estaban preocupadas.

El papa había exhortado al pueblo a convertirse en artífice de su propio destino. Con aquello definía de alguna manera el sentido de su viaje.

El papa lanzó una nueva llamada con implicaciones tanto para la población cubana como para la propia Iglesia Católica:

> …ustedes son y deben ser los protagonistas de su propia historia personal y nacional. Quiera Dios que esta visita que ahora comienza sirva para animarlos a todos en el empeño de poner su propio esfuerzo para alcanzar sus aspiraciones y legítimos deseos".

Por último, el Pontífice anunció que su viaje pretendía darle un impulso a la Iglesia Católica en la Isla que había mantenido su labor evangélica "aun en medio de dificultades" y agregó que espera que la Iglesia Católica encuentre "el espacio necesario para seguir sirviendo a todos".

Pero parece que Castro ya estaba preparado para ello y le contestó:

> Santidad:
>
> La tierra que usted acaba de besar se honra con su presencia. No encontrará aquí aquellos pacíficos y bondadosos habitantes naturales que la poblaban cuando los primeros europeos llegaron a esta isla. Los hombres fueron exterminados casi todos por la explotación y el trabajo esclavo que no pudieron resistir; las mujeres, convertidas en objeto de placer o esclavas domésticas. Hubo también los que murieron bajo el filo de espadas homicidas, o víctimas de enfermedades desconocidas que importaron los conquistadores. Algunos sacerdotes dejaron testimonios desgarradores de su protesta contra tales crímenes.
>
> A lo largo de siglos, más de un millón de africanos cruelmente arrancados de sus lejanas tierras ocuparon el lugar de los esclavos indios ya extinguidos. Ellos hicieron un considerable aporte a la composición étnica y a los orígenes de la actual población

de nuestro país, donde se mezclaron la cultura, las creencias y la sangre de todos los que participaron en esta dramática historia.

La conquista y colonización de todo el hemisferio se estima que costó la vida de 70 millones de indios y la esclavización de 12 millones de africanos. Fue mucha la sangre derramada y muchas las injusticias cometidas, gran parte de las cuales, bajo otras formas de dominación y explotación, después de siglos de sacrificios y de luchas, aún perduran.

Cuba, en condiciones extremadamente difíciles, llegó a constituir una nación. Luchó sola con insuperable heroísmo por su independencia. Sufrió por ello hace exactamente 100 años un verdadero holocausto en los campos de concentración, donde murió una parte considerable de su población, fundamentalmente mujeres, ancianos y niños; crimen de los colonialistas que no por olvidado en la conciencia de la humanidad dejó de ser monstruoso. Usted, hijo de Polonia y testigo de Oswiecim, lo puede comprender mejor que nadie.

Hoy, Santidad, de nuevo se intenta el genocidio, pretendiendo rendir por hambre, enfermedad y asfixia económica total a un pueblo que se niega a someterse a los dictados y al imperio de la más poderosa potencia económica, política y militar de la historia, mucho más poderosa que la antigua Roma, que durante siglos hizo devorar por las fieras a los que se negaban a renegar de su fe. Como aquellos cristianos atrozmente calumniados para justificar los crímenes, nosotros, tan calumniados como ellos, preferiremos mil veces la muerte antes que renunciar a nuestras convicciones. Igual que la iglesia, la Revolución tiene también muchos mártires.

Santidad, pensamos igual que usted en muchas importantes cuestiones del mundo de hoy y ello nos satisface grandemente; en otras, nuestras opiniones difieren, pero rendimos culto respetuoso a la convicción profunda con que usted defiende sus ideas.

En su largo peregrinaje por el mundo, usted ha podido ver con sus propios ojos mucha injusticia, desigualdad, pobreza, campos sin cultivar y campesinos sin alimentos y sin tierra, desempleo, hambre, enfermedades, vidas que podrían salvarse y se pierden por unos centavos; analfabetismo, prostitución infantil, niños trabajando desde los seis años o pidiendo limosnas para poder vivir; barrios marginales donde viven cientos de millones en condiciones infrahumanas, discriminación por razones de raza o de sexo, etnias enteras desalojadas de sus tierras y abandonadas a su suerte; xenofobia, desprecio hacia otros pueblos, culturas destruidas o en destrucción; subdesarrollo, préstamos usurarios, deudas incobrables e impagables; intercambio desigual, monstruosas e improductivas especulaciones financieras, un medioambiente que es destrozado sin piedad y tal vez sin remedio. Comercio inescrupuloso de armas con repugnantes fines mercantiles, guerras, violencia, masacres; corrupción generalizada; drogas, vicios y un consumismo enajenante que se impone como modelo idílico a todos los pueblos.

Ha crecido la humanidad solo en este siglo casi cuatro veces. Son miles de millones los que padecen hambre y sed de justicia; la lista de calamidades económicas y sociales del hombre es interminable. Sé que muchas de ellas son motivo de permanente y creciente preocupación de Su Santidad.

Viví experiencias personales que me permiten apreciar otros aspectos de su pensamiento. Fui estudiante de colegios católicos hasta que me gradué de bachiller. Me enseñaban entonces que ser protestante, judío, musulmán, hindú⊠, budista, animista o participe de otras creencias religiosas, constituía una horrible falta, digna de severo e implacable castigo. Más de una vez incluso, en algunas de aquellas escuelas para ricos y privilegiados, entre los que yo me encontraba, se me ocurrió preguntar por qué no había allí niños negros, sin que haya podido todavía olvidar las respuestas nada persuasivas que recibía.

Años más tarde, el Concilio Vaticano II, convocado por el papa Juan XIII, abordó varias de estas delicadas cuestiones. Conocemos los esfuerzos de Su Santidad por predicar y practicar los sentimientos de respeto hacia los creyentes de otras importantes e influyentes religiones que se han extendido por el mundo. El respeto hacia los creyentes y no creyentes es un principio básico que los revolucionarios cubanos inculcamos a nuestros compatriotas. Esos principios han sido definidos y están garantizados por nuestra Constitución y nuestras leyes. Si alguna vez han surgido dificultades, no ha sido nunca culpa de la Revolución.

Albergamos la esperanza de que algún día en ninguna escuela de cualquier religión, en ninguna parte del mundo, un adolescente tenga que preguntar por qué no hay en ella un solo niño negro, indio, amarillo o blanco.

Santidad: Admiro sinceramente sus valientes declaraciones sobre lo ocurrido con Galileo, los conocidos errores de la inquisición. Los episodios sangrientos de las Cruzadas, los crímenes cometidos durante la conquista de América, y sobre determinados descubrimientos científicos no cuestionados hoy por nadie que, en su tiempo, fueron objeto de tantos prejuicios y anatemas. Hacía falta para ello la inmensa autoridad que usted ha adquirido en su iglesia.

¿Qué podemos ofrecerle en Cuba? Un pueblo con menos desigualdades, menos ciudadanos sin amparo alguno, menos niños sin escuelas, menos enfermos sin hospitales, más maestros y más médicos por habitantes que cualquier otro país del mundo que Su Santidad haya visitado. Un pueblo instruido al que usted puede hablarle con toda la libertad que desee hacerlo, y con la seguridad de que posee talento, elevada cultura política, convicciones profundas; absoluta confianza en sus ideas y toda la conciencia y el respeto del mundo para escucharlo. No habrá ningún país mejor preparado para comprender su feliz idea, tal como nosotros la entendemos y tan parecida a la que nosotros predicamos, de que la distribución equitativa de las riquezas y la solidaridad entre los hombres y los pueblos deben ser globalizadas.

Bienvenido a Cuba.

Nada que decir sobre este discurso, solo que Castro intentaba justificar la situación que se iba a encontrar, olvidándose, como hoy día está sucediendo, de la gran labor que hicieron los españoles, construyendo un mundo nuevo, y de echarle la culpa de todos sus males al gobierno de Estados Unidos.

El acto de recibimiento fue masivo y popular. Desde hacía mucho tiempo no se congregaba tanta gente en las calles con el mismo objetivo. Demás está decir la cantidad de agencias de noticias acreditadas que acudieron para cubrir cada detalle y la cantidad de turistas independientes que viajaron a la Isla, al punto de que se agotaron las capacidades hoteleras desde antes de la llegada del papa con motivo de lo cual se dictó una resolución que permitía a los propietarios de viviendas hospedar a los turistas que así lo desearan en sus casas, sin necesidad de cumplimentar los trámites establecidos normalmente para ello.

Terminada la ceremonia de bienvenida su Santidad se despidió del presidente y se dirigió, en coche descubierto, acompañado por el cardenal Jaime Ortega, a la Nunciatura Apostólica. A lo largo del recorrido —20 km— cientos de miles de cubanos saludaron al papa, muchos de ellos enarbolando banderitas del Vaticano y de Cuba. Su Santidad, por su parte, a todos los saludaba y bendecía.

Después se encaminaron hacía el papamóvil, pareciendo como si Castro también quisiera subirse, retrocediendo a continuación.

A ambos lados del recorrido que hizo el papa desde el aeropuerto hasta el edificio de la Santa Sede, en la barriada de Miramar, hacia el oeste de La Habana, millares de escolares y pobladores se apostaron varias horas antes para brindarle la bienvenida.

''Se siente, se siente, el papa está presente'' y ''Juan Pablo, amigo, Cuba está contigo'', coreaban los manifestantes al paso del ''Papamóvil'' por las atestadas calles de La Habana.

22 de enero. Visita a la ciudad de Santa Clara y misa en la Plaza de la Revolución de esa ciudad.

Ese día, a las ocho de la mañana, el papa se dirigió desde la Nunciatura hasta el aeropuerto José Martí, donde tomó el avión que lo trasladó en cuarenta minutos, hasta la base militar de la ciudad de Santa Clara.

Santa Clara, una ciudad símbolo de la rebelión cubana, donde el Che llegó con 300 hombres e hizo descarrilar el tren blindado, se dice que previo pago

Allí lo acogió el obispo de la diócesis Mons. Fernando Prego Casal, que les presentó a las autoridades locales. En coche panorámico se trasladó al instituto superior de cultura física «Manuel Fajardo», en cuyo amplio campo de juego se había preparado el podio, en forma de «bohío», cubierto con un techo de hojas de palma. A la derecha del altar se colocó una gran estatua de la Virgen de la Caridad del Cobre.

Juan Pablo II celebró su primera misa en Cuba, a la que asistieron cerca de 150.000 personas. Los cantos corrieron a cargo de un coro compuesto por 350 jóvenes católicos de las diversas parroquias de la diócesis. Concelebraron con el papa varios cardenales, los obispos presentes en Cuba, procedentes de numerosos países, sobre todo de América, y cerca de setenta sacerdotes.

Al comienzo de la eucaristía Mons. Fernando Prego, dirigió al Romano Pontífice las palabras de saludo. Después de la lectura del Evangelio, se acercó a besar el libro sagrado, sostenido por el papa, por último Juan Pablo II pronunció la homilía:

1. *Las palabras que hoy te digo quedarán en tu memoria; se las repetirás a tus hijos y hablarás de ellas estando en casa y yendo de camino»* (*Dt* 6, 6-7). Nos hemos reunido en el Campo de Deportes del Instituto Superior de Cultura Física «Manuel Fajardo», convertido hoy como en un inmenso templo abierto. En este encuentro queremos dar gracias a Dios por *el gran don de la familia*.

Ya en la primera página de la Biblia el autor sagrado nos presenta esta institución: «*Dios creó al hombre a imagen suya y los creó varón y mujer*» (*Gn* 1, 27). En este sentido, *las personas humanas* en su dualidad de sexos son, como Dios mismo y por voluntad suya, *fuente de vida*: «*Crezcan y multiplíquense*» (*Gn* 1, 28). Por tanto, la familia está llamada a cooperar en el plan de Dios y en su obra creadora mediante la alianza de amor esponsal entre el hombre y la mujer y, como nos dirá San Pablo, dicha alianza es también signo de la unión de Cristo con su Iglesia (cf. *Ef* 5, 32).

2. Queridos hermanos y hermanas: me complace saludar con gran afecto a Mons. Fernando Prego Casal, Obispo de Santa Clara, a los Señores Cardenales y demás Obispos, a los sacerdotes y diáconos, a los miembros de las comunidades religiosas, a todos Ustedes, fieles laicos. Quiero dirigir también un deferente saludo a las autoridades civiles. Mis palabras se dirigen muy especialmente a las familias aquí presentes, las cuales quieren proclamar el firme propósito de realizar en su vida el proyecto salvífico del Señor.

3. *La institución familiar en Cuba es depositaria del rico patrimonio de virtudes* que distinguieron a las familias criollas de tiempos pasados, cuyos miembros se empeñaron tanto en los diversos campos de la vida social y forjaron el País sin reparar en sacrificios

y adversidades. Aquellas familias, fundadas sólidamente en los principios cristianos, así como en su sentido de solidaridad familiar y respeto por la vida, fueron verdaderas comunidades de cariño mutuo, de gozo y fiesta, de confianza y seguridad, de serena reconciliación. Se caracterizaron también —como muchos hogares de hoy— por la unidad, el profundo respeto a los mayores, el alto sentido de responsabilidad, el acatamiento sincero de la autoridad paterna y materna, la alegría y el optimismo, tanto en la pobreza como en la riqueza, los deseos de luchar por un mundo mejor y, por encima de todo, por la gran fe y confianza en Dios.

Hoy las familias en Cuba están también afectadas por los desafíos que sufren actualmente tantas familias en el mundo. Son numerosos los miembros de estas familias que han luchado y dedicado su vida para conquistar una existencia mejor, en la que se vean garantizados los derechos humanos indispensables: trabajo, alimentación, vivienda, salud, educación, seguridad social, participación social, libertad de asociación y para elegir la propia vocación. *La familia, célula fundamental de la sociedad y garantía de su estabilidad*, sufre sin embargo las crisis que pueden afectar a la sociedad misma. Esto ocurre cuando los matrimonios viven en *sistemas económicos o culturales* que, bajo la falsa apariencia de libertad y progreso, promueven o incluso *defienden una mentalidad antinatalista*, induciendo de ese modo a los esposos a recurrir a métodos de control de la natalidad que no están de acuerdo con la dignidad humana. Se llega incluso al aborto, que es siempre, además de un crimen abominable (cf. Const. past. *Gaudium et spes*, 51), un absurdo empobrecimiento de la persona y de la misma sociedad. Ante ello la Iglesia enseña que Dios ha confiado a los hombres la misión de transmitir la vida de un modo digno del hombre, fruto de la responsabilidad y del amor entre los esposos.

La maternidad se presenta a veces como un retroceso o una limitación de la libertad de la mujer, distorsionando así su verdadera naturaleza y su dignidad. *Los hijos* son presentados no como lo que son —*un gran don de Dios*—, sino como algo contra lo que hay que defenderse. La situación social que se ha vivido en este amado País ha acarreado también no pocas *dificultades a la estabilidad familiar*: las carencias materiales —como cuando los salarios no son suficientes o tienen un poder adquisitivo muy limitado—, las insatisfacciones por razones ideológicas, la atracción de la sociedad de consumo. Éstas, junto con ciertas medidas laborales o de otro género, han provocado un problema que se arrastra en Cuba desde hace años: *la separación forzosa de las familias dentro del País y la emigración*, que ha desgarrado a familias enteras y ha sembrado dolor en una parte considerable de la población. Experiencias no siempre aceptadas y a veces traumáticas son *la separación de los hijos* y *la sustitución del papel de los padres* a causa de los estudios que se realizan lejos del hogar en la edad de la adolescencia, en situaciones que dan por triste resultado la proliferación de la promiscuidad, el empobrecimiento ético, la vulgaridad, las relaciones prematrimoniales a temprana edad y el recurso fácil al aborto. Todo esto deja huellas profundas y negativas en la juventud, que está llamada a encarnar los valores morales auténticos para la consolidación de una sociedad mejor.

4. *El camino para vencer estos males no es otro que Jesucristo*, su doctrina y su ejemplo de amor total que nos salva. Ninguna ideología puede sustituir su infinita sabiduría y poder. Por eso es necesario recuperar los valores religiosos en el ámbito familiar y social, fomentando la práctica de las virtudes que conformaron los orígenes de la Nación cubana, en el proceso de construir su futuro «con todos y para el bien de todos», como pedía José Martí. *La familia, la escuela y la Iglesia deben formar una comunidad educativa* donde los hijos de Cuba puedan «crecer en humanidad». No tengan miedo, abran las familias y las escuelas a los valores del

Evangelio de Jesucristo, que nunca son un peligro para ningún proyecto social.

5. «*El ángel del Señor se le apareció en sueños a José y le dijo: Levántate y toma al niño y a su madre*» (*Mt* 2, 13). La Palabra revelada nos muestra cómo Dios quiere proteger a la familia y preservarla de todo peligro. Por eso la Iglesia, animada e iluminada por el Espíritu Santo, trata de defender y proponer a sus hijos y a todos los hombres de buena voluntad *la verdad sobre los valores fundamentales del matrimonio cristiano y de la familia*. Asimismo, proclama, como deber ineludible, la santidad de este sacramento y sus exigencias morales, para salvaguardar la dignidad de toda persona humana.

El matrimonio, con su carácter de unión exclusiva y permanente, es sagrado porque tiene su origen en Dios. Los cristianos, al recibir el sacramento del matrimonio, participan en el plan creador de Dios y reciben las gracias que necesitan para cumplir su misión, para educar y formar a los hijos y responder al llamado a la santidad. Es una unión distinta de cualquier otra unión humana, pues se funda en la entrega y aceptación mutua de los esposos con la finalidad de llegar a ser «*una sola carne*» (*Gn* 2, 24), viviendo en una comunidad de vida y amor, cuya vocación es ser «santuario de la vida» (cf. *Evangelium vitae*, 59). Con su unión fiel y perseverante, los esposos contribuyen al bien de la institución familiar y manifiestan que el hombre y la mujer tienen la capacidad de darse para siempre el uno al otro, sin que la donación voluntaria y perenne anule la libertad, porque en el matrimonio cada personalidad debe permanecer inalterada y desarrollar la gran ley del amor: darse el uno al otro para entregarse juntos a la tarea que Dios les encomienda. Si la persona humana es el centro de toda institución social, entonces la familia, primer ámbito de socialización, debe ser una comunidad de personas libres y responsables que lleven adelante el matrimonio como un proyecto de amor, siempre perfeccionable, que aporta vitalidad y dinamismo a la sociedad civil.

6. En la vida matrimonial *el servicio a la vida no se agota en la concepción, sino que se prolonga en la educación de las nuevas generaciones. Los padres*, al haber dado la vida a los hijos, tienen la gravísima obligación de educar a la prole y, por consiguiente, deben ser reconocidos como *los primeros y principales educadores de sus hijos*. Esta tarea de la educación es tan importante que, cuando falta, difícilmente puede suplirse (cf. Decl. *Gravissimum educationis*, 3). Se trata de un deber y de un derecho insustituible e inalienable. Es verdad que, en el ámbito de la educación, a la autoridad pública le competen derechos y deberes, ya que tiene que servir al bien común; sin embargo, esto no le da derecho a sustituir a los padres. Por tanto, los padres, sin esperar que otros les reemplacen en lo que es su responsabilidad, deben poder escoger para sus hijos el estilo pedagógico, los contenidos éticos y cívicos y la inspiración religiosa en los que desean formarlos integralmente. No esperen que todo les venga dado. Asuman su misión educativa, buscando y creando los espacios y medios adecuados en la sociedad civil.

Se ha de procurar, además, a las familias una casa digna y un hogar unido, de modo que puedan gozar y transmitir una educación ética y un ambiente propicio para el cultivo de los altos ideales y la vivencia de la fe.

7. Queridos hermanos y hermanas, queridos esposos y padres, queridos hijos: He deseado recordar algunos aspectos esenciales del proyecto de Dios sobre el matrimonio y la familia para ayudarlos a vivir con generosidad y entrega ese camino de santidad al que muchos están llamados. Acojan con amor la Palabra del Señor proclamada en esta Eucaristía. En el Salmo responsorial hemos escuchado: «Dichoso el que teme al Señor y sigue sus caminos... tus hijos como renuevos de olivo, alrededor de tu mesa... Esta es la bendición del hombre que teme al Señor» (*Sal* 127, 1.3.4).

Muy grande es la vocación a la vida matrimonial y familiar, inspirada en la Palabra de Dios y según el modelo de la Sagrada Familia de Nazaret. Amados cubanos: ¡Sean fieles a la palabra divina y a este modelo! Queridos maridos y mujeres, padres y madres, familias de la noble Cuba: ¡Conserven en su vida ese modelo sublime, ayudados por la gracia que se les ha dado en el sacramento del matrimonio! Que Dios, Padre, Hijo y Espíritu Santo, habite en sus hogares. Así, las familias católicas de Cuba contribuirán decisivamente a la gran causa divina de la salvación del hombre en esta tierra bendita que es su Patria y su Nación. ¡Cuba: cuida a tus familias para que conserves sano tu corazón!

Que la Virgen de la Caridad del Cobre, Madre de todos los cubanos, Madre en el Hogar de Nazaret, interceda por todas las familias de Cuba para que, renovadas, vivificadas y ayudadas en sus dificultades, vivan en serenidad y paz, superen los problemas y dificultades, y todos sus miembros alcancen la salvación que viene de Jesucristo, Señor de la historia y de la humanidad. A Él la gloria y el poder por los siglos de los siglos. Amén.

Quiero repetir las palabras de vuestro poeta José Martí: en el proceso de construir su futuro «con todos y para el bien de todos», la familia, la escuela y la Iglesia deben formar una comunidad educativa donde los hijos de Cuba puedan «crecer en humanidad».

He tenido la alegría de celebrar la primera Santa Misa en Cuba, aquí en Santa Clara. Hemos estado bajo la mirada de la imagen de la Virgen de la Caridad. Nos hemos reunido como una gran familia, la Iglesia, formada aquí por tantas familias que son pequeñas Iglesias.

Mi gozo es grande y sé que el de ustedes también. La vista de esta asamblea es muy hermosa y su belleza aumenta cuando se ve que el vínculo que nos une es la fe. Lleven mi saludo a todos y llévense a sus hogares, además del recuerdo de esta bella celebración, el afecto y el cariño del Papa. San José, patrono de las familias, y

Santa Clara, cuyo nombre lleva esta ciudad, estarán contentos por ustedes e intercederán ante el Señor.

¡Que Dios los bendiga a todos!

Esta primera homilía estuvo dirigida a la familia como fundamento de la estabilidad en la sociedad. El Pontífice precisó que las carencias materiales que ha sufrido Cuba, las insatisfacciones por razones ideológicas, la atracción por la sociedad de consumo, la separación familiar y la emigración "ha desgarrado a familias enteras y sembrado dolor en una parte considerable de la población".

Atacó al sistema educativo del régimen insistiendo en que el estado no podía sustituir a los padres y que debían ser estos quienes elijan para sus hijos el método pedagógico y ético, así como el contenido cívico y la inspiración religiosa que les capacitará para recibir una educación integral. En un país donde la educación es laica y a cargo del Estado, el papa insistió en que eran los padres quienes tienen la gravísima obligación de educar a la prole y, por consiguiente, deben ser considerados como los primeros y principales educadores de sus hijos. Esta alusión al derecho de los padres generó los primeros aplausos durante la misa dedicada especialmente a la familia.

Tras indicar que ninguna ideología puede sustituir su infinita sabiduría y poder, dijo que es necesario recuperar los valores religiosos en el ámbito familiar y social. Citando a Martí, consciente de que el régimen se había apropiado y manipulado sus mensajes, dijo:

«Los hijos de Cuba, de esta manera podrán crecer en humanidad con todos y por el bien de todos». Al mismo tiempo, tuvo la virtud de tocar una herida que nunca cierra: la desintegración familiar. Este es "un problema que se arrastra en Cuba desde hace años, la separación forzosa de las familias, dentro del país y la emigración»'.

Señaló que esos factores y la sustitución del papel de los padres a causa de los estudios que se realizan lejos del hogar en la adolescencia, la promiscuidad, el empobrecimiento ético, la vulgaridad y las relaciones sexuales demasiado tempranas ha dejado huellas negativas en la juventud.

Por último y en un claro alusión a la tergiversación de la historia efectuada por el régimen, añadió:

En Cuba, la institución de la familia ha heredado el rico patrimonio de las virtudes que marcan las familias criollas del pasado. Aquellas familias, sólidamente fundadas sobre principios cristianos, constituían verdaderas comunidades de afecto mutuo, alegría y celebración, confianza y seguridad y serena reconciliación. Para terminar: ¡Cubanos, proteged a vuestras familias para mantener vuestro corazón puro!

Acto seguido tuvo lugar la profesión de fe, según la fórmula de preguntas y respuestas, como la renovación de las promesas bautismales. Tras una breve admonición leída por el obispo local, el Santo Padre hizo las preguntas a los fieles, que con gran entusiasmo respondían: «Sí, creo, Amén». Al final de la profesión de fe, tuvo lugar la acción de gracias por el don de la familia en la Iglesia que ocupó el lugar de la oración de los fieles. En ella la asamblea bendijo a Dios por todo lo que ha hecho en favor de la familia a lo largo de la historia de la salvación, y ratificó su fidelidad a la palabra del Señor.

Entre los regalos que varios fieles llevaron al Vicario de Cristo se hallaba una estatua de Santa Clara, patrona de la ciudad y de la diócesis, y un escudo de Su Santidad. En el momento de la paz, numerosos fieles se acercaron al papa para recibir el abrazo. El papa dio la comunión a cincuenta personas, mientras que numerosos sacerdotes la distribuían a los fieles que se habían preparado en las parroquias los días precedentes. Al final de la misa, Mons. Prego Casal invitó a los fieles a recibir la bendición del papa. Juan Pablo II, antes de retirarse, dirigió unas breves palabras de despedida y bendijo una estatua de San José para la diócesis de Cienfuegos. Luego, regresó a La Habana.

A las seis de la tarde, hizo una visita de cortesía al presidente de los Consejos de Estado y de ministros, en el palacio de la Revolución. En el salón de ceremonias fue presentado a las autoridades del gobierno. A continuación, en el despacho del presidente, tuvo lugar un coloquio privado, que duró cincuenta minutos. El presidente regaló a Su Santidad un ejemplar de *editio princeps* de la primera biografía del siervo de Dios Padre Félix Varela, escrita por José Ignacio Rodríguez y publicada en Nueva York en 1878. Asimismo, le donó una medalla de la Orden Félix de Varela. Esta medalla consiste en una estrella de metal con baño de oro, cuyas puntas están unidas entre sí por un círculo del mismo material; tiene en el centro un relieve en oro del padre Varela. El Santo Padre, por su parte, regaló al presidente un cuadro en mosaico, que representa a Cristo, reproducción de un Cristo Pantocrator que se encuentra en la cripta de la basílica de San Pedro, y una medalla de su pontificado. Acto seguido, Juan Pablo II volvió a la Nunciatura Apostólica.

23 de enero. Santa Misa en Camagüey y mensaje a los jóvenes cubanos

Al día siguiente, nuevamente a las ocho de la mañana, se dirigió desde la Nunciatura Apostólica al aeropuerto, para tomar el avión de la compañía Cubana de Aviación, que lo trasladó hasta el aeropuerto Ignacio Agramonte de Camagüey.

Camagüey, antigua ciudad llamada «Santa María de Puerto Príncipe» y cuna de importantes personajes como: Cándido González, Ignacio Agramonte, Joaquín de Agüero, Julio Antonio Mella, Espejo de Plasencia, Silvestre de Balboa, Gertrudis Gómez de Avellaneda, Aurelia Castillo, Nicolás Guillén, Fidelio Ponce de León… y donde se practica el catolicismo puro y no mezclado con otros cultos como las deidades africanas.

En la plaza Ignacio Agramonte el papa fue recibido por 300.000 mil jóvenes quienes cantaron y bailaron enarbolando banderas cubanas y del Vaticano.

Llegó a las nueve y media, después de recorrer 500 km. Le dio la bienvenida el obispo local, Mons. Adolfo Rodríguez Herrera, que les presentó a las autoridades locales. Acto seguido se dirigió en el coche panorámico hasta la plaza Ignacio Agramonte donde se habían concentrado alrededor de 300.000 personas. El podio había sido erigido a pocos metros del monumento dedicado al mayor Ignacio Agramonte. Una gran cruz blanca sobre un telón de fondo color rosa, dominaba desde la altura. El altar se hallaba en el centro, cubierto con un toldo adornado con grandes hojas de palma.

Al pie del monumento, en honor de Ignacio Agramonte, el papa dijo:

> Fue un hombre motivado por su fe cristiana, que encarnó los valores por los que hombres y mujeres se distinguen bondadosos: honor, sinceridad, felicidad y el amor a la justicia, enfrentándose a la esclavitud y defendiendo la dignidad humana.

También estaba el coro formado por alumnos de las diversas parroquias de la ciudad revestidos con un manto blanco y amarillo en honor del papa. En la Santa Misa participaron quince cardenales, sesenta obispos y cerca de cien sacerdotes. Al comienzo de la celebración, Mons. Adolfo Rodríguez dirigió a Su Santidad unas palabras, en las que subrayó la gran labor de evangelización llevada a cabo recientemente por los laicos católicos en la diócesis y en toda Cuba. Asimismo un joven dio las gracias al papa, en nombre de toda la juventud cubana por su visita, y le expresó su alegría y su esperanza. La oración colecta y las lecturas de la misa presentaron a Cristo como única fuente de verdad y de vida para el cristiano, para librarlo del mal y hacerlo testigo de la fe en la vida diaria. En torno a ese tema central giró la homilía de Su Santidad:

> *No te dejes vencer por el mal; vence al mal a fuerza de bien»* (*Rm* 12, 21).
>
> 1. *No te dejes vencer por el mal; vence al mal a fuerza de bien»* (*Rm* 12, 21). Los jóvenes cubanos se reúnen hoy con el Papa para celebrar su fe y escuchar la Palabra de Dios, que es el camino para salir de las obras del mal y de las tinieblas y revestirse así con las armas de la luz para obrar el bien. Con este motivo, me complace

tener este encuentro con todos Ustedes en esta gran Plaza, donde en el altar se renovará el sacrificio de Jesucristo. Este lugar, que lleva el nombre de *Ignacio Agramonte*, «El Bayardo», nos recuerda a un héroe querido por todos, el cual, movido por su fe cristiana, encarnó los valores que adornan a los hombres y mujeres de bien: la honradez, la veracidad, la fidelidad, el amor a la justicia. Él fue buen esposo y padre de familia y buen amigo, *defensor de la dignidad humana frente a la esclavitud.*

2. Ante todo quiero saludar con afecto a Mons. Adolfo Rodríguez Herrera, Pastor de esta Iglesia diocesana, a su Obispo auxiliar, Mons. Juan García Rodríguez, así como a los demás Obispos y Sacerdotes presentes, que con su labor pastoral animan y conducen a los jóvenes cubanos hacia Cristo, el Redentor, el amigo que nunca falla. El encuentro con Él mueve a la conversión y a la alegría singular, que hace exclamar, como a los discípulos después de la resurrección: «Hemos visto al Señor» (*Jn* 20, 24). Saludo asimismo a las autoridades civiles, que han querido asistir a esta Santa Misa, y les agradezco la cooperación para este acto cuyos invitados principales son los jóvenes.

De corazón me dirijo a Ustedes, *queridos jóvenes cubanos, esperanza de la Iglesia y de la Patria*, presentándoles a Cristo, para que le reconozcan y le sigan con total decisión. Él les da la vida, les enseña el camino, los introduce en la verdad, animándolos a marchar juntos y solidarios, en felicidad y paz, como miembros vivos de su Cuerpo místico, que es la Iglesia.

3. «¿Cómo podrá el joven llevar una vida limpia? ¡Viviendo de acuerdo con tu palabra!» (*Sal* 119, 9). El Salmo nos da la respuesta al interrogante que todo joven se ha de plantear si desea llevar una existencia digna y decorosa, propia de su condición. Para ello, *el único camino es Jesús.* Los talentos que han recibido del Señor y que llevan a la entrega, al amor auténtico y a la generosidad fructifican cuando se vive no sólo de lo material y caduco, sino «*de toda*

palabra que sale de la boca de Dios» (*Mt* 4, 4). Por eso, queridos jóvenes, los animo a sentir el amor de Cristo, siendo conscientes de lo que Él ha hecho por Ustedes, por la humanidad entera, por los hombres y mujeres de todos los tiempos. *Sintiéndose amados por Él podrán amar de verdad.* Experimentando una íntima comunión de vida con Él, que vaya acompañada por la recepción de su Cuerpo, la escucha de su Palabra, la alegría de su perdón y de su misericordia, podrán imitarlo, llevando así, como enseña el salmista, «una vida limpia».

¿Qué es llevar una vida limpia? Es vivir la propia existencia según las normas morales del Evangelio propuestas por la Iglesia. Actualmente, por desgracia, para muchos *es fácil caer en un relativismo moral y en una falta de identidad* que sufren tantos jóvenes, víctimas de esquemas culturales vacíos de sentido o de algún tipo de ideología que no ofrece normas morales altas y precisas. Ese relativismo moral genera *egoísmo, división, marginación, discriminación, miedo* y *desconfianza hacia los otros.* Más aún, cuando un joven vive «a su forma», idealiza lo extranjero, se deja seducir por el materialismo desenfrenado, pierde las propias raíces y anhela la evasión. Por eso, el vacío que producen estos comportamientos explica muchos males que rondan a la juventud: el alcohol, la sexualidad mal vivida, la prostitución que se esconde bajo diversas razones —cuyas causas no son siempre sólo personales—, las motivaciones fundadas en el gusto o las actitudes egoístas, el oportunismo, la falta de un proyecto serio de vida en el que no hay lugar para el matrimonio estable, además del rechazo a toda autoridad legítima, el anhelo de la evasión y de la emigración, huyendo del compromiso y de la responsabilidad para refugiarse en un mundo falso cuya base es la alienación y el desarraigo.

Ante esa situación, el joven cristiano que anhela llevar «una vida limpia», firme en su fe, sabe que está llamado y elegido por Cristo para vivir en la auténtica libertad de los hijos de Dios, que incluye no pocos desafíos. Por eso, acogiendo la gracia que recibe de los Sacramentos, sabe que ha de dar testimonio de Cristo con su esfuerzo constante por llevar una vida recta y fiel a Él.

La fe y el obrar moral están unidos. En efecto, el don recibido nos conduce a una conversión permanente para imitar a Cristo y recibir las promesas divinas. Los cristianos, por respetar los valores fundamentales que configuran una vida limpia, llegan a veces a sufrir, incluso de modo heroico, marginación o persecución, debido a que esa opción moral es opuesta a los comportamientos del mundo. Este testimonio de la cruz de Cristo en la vida cotidiana es también una semilla segura y fecunda de nuevos cristianos. *Una vida plenamente humana y comprometida con Cristo tiene ese precio de generosidad y entrega.*

Queridos jóvenes, el testimonio cristiano, la «vida digna» a los ojos de Dios tiene ese precio. Si no están dispuestos a pagarlo, vendrá el vacío existencial y la falta de un proyecto de vida digno y responsablemente asumido con todas sus consecuencias. *La Iglesia tiene el deber de dar una formación moral, cívica y religiosa, que ayude a los jóvenes cubanos a crecer en los valores humanos y cristianos*, sin miedo y con la perseverancia de una obra educativa que necesita el tiempo, los medios y las instituciones que son propios de esa siembra de virtud y espiritualidad para bien de la Iglesia y de la Nación.

4. *«Maestro bueno, ¿qué haré para heredar la vida eterna?»* (Mc 10, 18). En el evangelio que hemos escuchado un joven pregunta a Jesús *qué debe «hacer»*, y el Maestro, lleno de amor, le responde *cómo tiene que «ser»*. Este joven presume de haber cumplido las normas y Jesús le responde que lo necesario es dejarlo todo y seguirlo. Esto da radicalidad y autenticidad a los valores y permite al joven realizarse como persona y como cristiano. La clave de esa realización está en *la fidelidad*, expuesta por San Pablo, en

la primera lectura, como una característica de nuestra identidad cristiana.

He ahí el camino de la fidelidad trazado por San Pablo: «*En la actividad, no sean descuidados... sean cariñosos unos con otros... Que la esperanza los tenga alegres... Practiquen la hospitalidad... Bendigan... Tengan igualdad de trato unos con otros... Pónganse al nivel de la gente humilde... No muestren suficiencia... No devuelvan a nadie mal por mal... No se dejen vencer por el mal, venzan al mal a fuerza de bien*» (Rm 12, 9-21). Queridos jóvenes, sean creyentes o no, *acojan el llamado a ser virtuosos*. Ello quiere decir que sean fuertes por dentro, grandes de alma, ricos en los mejores sentimientos, valientes en la verdad, audaces en la libertad, constantes en la responsabilidad, generosos en el amor, invencibles en la esperanza. *La felicidad se alcanza desde el sacrificio.* No busquen fuera lo que pueden encontrar dentro. No esperen de los otros lo que Ustedes son capaces y están llamados a ser y a hacer. No dejen para mañana el construir una sociedad nueva, donde los sueños más nobles no se frustren y donde Ustedes puedan ser los protagonistas de su historia.

Recuerden que la persona humana y el respeto por la misma son el camino de un mundo nuevo. El mundo y el hombre se asfixian si no se abren a Jesucristo. Ábranle el corazón y emprendan así una vida nueva, que sea conforme a Dios y responda a las *legítimas aspiraciones* que Ustedes tienen de *verdad*, de *bondad* y de *belleza*. ¡Que Cuba eduque a sus jóvenes en la virtud y la libertad para que pueda tener un futuro de auténtico desarrollo humano integral en un ambiente de paz duradera!

Queridos jóvenes católicos: éste es todo un *programa de vida personal y social fundado en la caridad, la humildad y el sacrificio,* teniendo como razón última «servir al Señor». Les deseo la alegría de poderlo realizar. Los esfuerzos que ya se hacen en la *Pastoral Juvenil* deben encaminarse hacia la realización de este programa de vida. Para ayudarlos les dejo también un Mensaje escrito, con la esperanza de que llegue a todos los jóvenes cubanos, que son el futuro de la Iglesia y de la Patria. Un futuro que comienza ya en el presente y que será gozoso si está basado en el desarrollo integral de cada uno, lo cual no puede alcanzarse sin Cristo, al margen de Cristo o, mucho menos en contra de Cristo. Por eso, y como dije al inicio de mi Pontificado y he querido repetir a mi llegada a Cuba: «No tengan miedo de abrir sus corazones a Cristo». Les dejo con gran afecto este lema y exhortación, pidiéndoles que, con valentía y coraje apostólico, lo transmitan a los demás jóvenes cubanos. Que Dios todopoderoso y la Santísima Virgen de la Caridad del Cobre les ayuden a responder generosamente a este llamado.

Ahora vamos a celebrar el sacrificio de Cristo. Cristo se hará presente, el mismo Cristo que una vez miró a un joven y lo amó. Lo deben ustedes vivir, cada uno, cada una; hoy Cristo presente que los mira y los ama. Cristo mira, Cristo sabe lo que hay en cada uno de nosotros. Sabe bien que nos ama. ¡Sea alabado Jesucristo!

(Antes de impartir la bendición apostólica el Papa dirigió a los presentes las siguientes palabras)

Muchas gracias por haber abierto las puertas de sus casas. Yo los llevo a todos en mi corazón y cada día rezo por ustedes. Muchas gracias por haber venido tan numerosos a pesar del fuerte sol. ¡Se ve, se siente, que el sol está presente! Es el sol de la vida y por esto nos recuerda a Jesucristo, que da la vida verdadera y la da en abundancia. La celebración de hoy ha sido muy festiva y alegre. Los jóvenes han traído su alegría, su dinamismo, acercándose al altar del Señor, a Dios que alegra la juventud. Al marcharme para ir a encontrar a otros hermanos, agradecido con la invitación a quedarme en Camagüey, les quiero repetir que Cristo los mira, a cada uno, los mira y ama. Por eso no tengan miedo de abrirle las puertas de su corazón. ¡Que este sea el programa de la juventud cubana!

La juventud allí congregada vivía una atmósfera de gran fiesta. Los jóvenes coreaban repetidamente: «Juan Pablo II te quiere todo el mundo» «Juan Pablo Pastor, Camagüey te da su amor» «El papa se queda en Camagüey» y otros estribillos. En un momento, al escuchar una «porra» mexicana, el Santo Padre comentó: «Son cubanos que parecen mexicanos. O son mexicanos que parecen cubanos. También con la Virgen del Cobre son guadalupeños».

El obispo de Camagüey introdujo la profesión de fe. Al final, diversos jóvenes leyeron las intenciones de la oración de los fieles: por la Iglesia, por la unidad de la familia, por la juventud, por los que sufren, por la justicia y la paz en la sociedad y por los difuntos. Antes de impartir la bendición, Juan Pablo II dirigió a los jóvenes unas palabras. Terminada la misa, el papa dirigió su mensaje a los jóvenes cubanos:

Mensaje a los jóvenes cubanos

Queridos jóvenes cubanos:

1. «Jesús, fijando en él su mirada, lo amó» (*Mc* 10, 21). Así nos refiere el Evangelio el encuentro de Jesús con el joven rico. Así mira el Señor a cada hombre. Sus ojos, llenos de ternura, se fijan también hoy en el rostro de la juventud cubana. Y yo, en su nombre, los abrazo, reconociendo en Ustedes la esperanza viva de la Iglesia y de la Patria cubana.

Deseo transmitirles el saludo cordial y el afecto sincero de todos los jóvenes cristianos de los diferentes países y continentes que he tenido la ocasión de visitar ejerciendo el ministerio de Sucesor de Pedro. También ellos, como Ustedes, caminan hacia el futuro entre gozos y esperanzas, tristezas y angustias, como dice el Concilio Vaticano II.

He venido a Cuba, como mensajero de la verdad y la esperanza, para traerles la Buena Noticia, para anunciarles «el amor de Dios manifestado en Cristo Jesús, Señor nuestro» (*Rm* 8, 39). Sólo este amor puede iluminar la noche de la soledad humana; sólo él es capaz de confortar la esperanza de los hombres en la búsqueda de la felicidad.

Cristo nos ha dicho que «nadie tiene mayor amor que el que da su vida por sus amigos. Ustedes son mis amigos, si hacen lo que yo les mando… A Ustedes les he llamado amigos» (*Jn* 15, 13-15). Él les ofrece su amistad. Dio su vida para que los que deseen responder a su llamado sean, en efecto, sus amigos. Se trata de una amistad profunda, sincera, leal, radical, como debe ser la verdadera amistad. Esta es la forma propia de relacionarse con los jóvenes, ya que *sin amistad la juventud se empobrece y debilita*. La amistad se cultiva con el propio sacrificio para servir y amar de verdad a los amigos. Así pues, *sin sacrificio no hay amistad sincera, juventud sana, país con futuro, religión auténtica*.

Por eso, ¡escuchen la voz de Cristo! En su vida está pasando Cristo y les dice: «Síganme». No se cierren a su amor. No pasen de largo. Acojan su palabra. Cada uno ha recibido de Él un llamado. Él conoce el nombre de cada uno. Déjense guiar por Cristo en la búsqueda de lo que les puede ayudar a realizarse plenamente. *Abran las puertas de su corazón y de su existencia a Jesús*, «el verdadero héroe, humilde y sabio, el profeta de la verdad y del amor, el compañero y el amigo de la juventud» (*Mensaje del Concilio Vaticano II a los jóvenes*).

2. Conozco bien *los valores de los jóvenes cubanos*, sinceros en sus relaciones, auténticos en sus proyectos, hospitalarios con todos y amantes de la libertad. Sé que, como hijos de la exuberante tierra caribeña, sobresalen por su capacidad artística y creativa;

por su espíritu alegre y emprendedor, dispuestos siempre a acometer grandes y nobles empresas para la prosperidad del País; por la sana pasión que ponen en las cosas que les interesan y la facilidad para superar las contrariedades y limitaciones. Estos valores afloran con mayor nitidez cuando encuentran espacios de libertad y motivaciones profundas. He podido, además, comprobar y admirar con emoción *la fidelidad de muchos de Ustedes a la fe recibida de los mayores*, tantas veces transmitida en el regazo de las madres y abuelas durante estas últimas décadas en las que la voz de la Iglesia parecía sofocada.

Sin embargo, la sombra de la escalofriante crisis actual de valores que sacude al mundo amenaza también a la juventud de esta luminosa Isla. Se extiende una *perniciosa crisis de identidad*, que lleva a los jóvenes a vivir sin sentido, sin rumbo ni proyecto de futuro, asfixiados por lo inmediato. Surge el relativismo, la indiferencia religiosa y la falta de dimensión moral, mientras se tiene la tentación de rendirse a los ídolos de la sociedad de consumo fascinados por su brillo fugaz. Incluso todo lo que viene de fuera del País parece deslumbrar.

Frente a ello, las estructuras públicas para la educación, la creación artística, literaria y humanística, y la investigación científica y tecnológica, así como la proliferación de escuelas y maestros, han tratado de contribuir a despertar una notable preocupación por *buscar la verdad*, por *defender la belleza* y por *salvar la bondad*; pero han suscitado también las preguntas de muchos de Ustedes: ¿Por qué la abundancia de medios e instituciones no llega a corresponder plenamente con el fin deseado?

La respuesta no hay que buscarla solamente en las estructuras, en los medios e instituciones, en el sistema político o en los embargos económicos, que son siempre condenables por lesionar a los más necesitados. Estas causas son sólo parte de la respuesta, pero no tocan el fondo del problema.

3. ¿Qué puedo decirles yo a Ustedes, jóvenes cubanos, que viven en condiciones materiales con frecuencia difíciles, en ocasiones frustrados en sus propios y legítimos proyectos y, por ello, a veces privados incluso de algún modo de la misma esperanza? Guiados por el Espíritu, combatan con la fuerza de Cristo Resucitado para no caer en la tentación de las diversas formas de fuga del mundo y de la sociedad; para no sucumbir ante la ausencia de ilusión, que conduce a la autodestrucción de la propia personalidad mediante el alcoholismo, la droga, los abusos sexuales y la prostitución, la búsqueda continua de nuevas sensaciones y el refugio en sectas, cultos espiritualistas alienantes o grupos totalmente extraños a la cultura y a la tradición de su Patria.

«Velen, manténganse firmes en la fe, sean fuertes. Hagan todo con amor» (*1Co* 16, 13-14). Pero, ¿qué significa ser fuertes? Quiere decir vencer el mal en sus múltiples formas. El peor de los males es el pecado, que causa innumerables sufrimientos y puede estar también dentro de nosotros, influyendo de manera negativa en nuestro comportamiento. Por tanto, si es justo empeñarse en la lucha contra el mal en sus manifestaciones públicas y sociales, para los creyentes es un deber procurar derrotar en primer lugar el *pecado, raíz de toda forma de mal* que puede anidar en el corazón humano, resistiendo con la ayuda de Dios a sus seducciones.

Tengan la seguridad de que Dios no limita su juventud ni quiere para los jóvenes una vida desprovista de alegría. ¡Todo lo contrario! Su poder es un dinamismo que lleva al desarrollo de toda la persona: al desarrollo del cuerpo, de la mente, de la afectividad; al crecimiento de la fe; a la expansión del amor efectivo hacia Ustedes mismos, hacia el prójimo y hacia las realidades terrenas y espirituales. Si saben abrirse a la iniciativa divina, experimentarán en Ustedes la fuerza del «gran Viviente, Cristo, eternamente joven» (*Mensaje del Concilio Vaticano II a los jóvenes*).

Jesús desea que tengan vida, y la tengan en abundancia (cf. *Jn* 10, 10). La vida que se nos revela en Dios, aunque pueda parecer a veces difícil, orienta y da sentido al desarrollo del hombre. Las tradiciones de la Iglesia, la práctica de los sacramentos y el recurso constante a la oración no son obligaciones y ritos que hay que cumplir, sino más bien manantiales inagotables de gracia que alimentan la juventud y la hacen fecunda para el desarrollo de la virtud, la audacia apostólica y la verdadera esperanza.

4. La virtud es la fuerza interior que impulsa a sacrificarse por amor al bien y que permite a la persona no sólo realizar actos buenos, sino también dar lo mejor de sí misma. Con jóvenes virtuosos un País se hace grande. Por eso, y porque el futuro de Cuba depende de Ustedes, de cómo formen su carácter, de cómo vivan su voluntad de compromiso en la transformación de la realidad, les digo: ¡Afronten con fortaleza y templanza, con justicia y prudencia los grandes desafíos del momento presente; *vuelvan a las raíces cubanas y cristianas*, y hagan cuanto esté en sus manos *para construir un futuro cada vez más digno y más libre*! No olviden que la responsabilidad forma parte de la libertad. Más aún, la persona se define principalmente por su responsabilidad hacia los demás y ante la historia (cf. Const. past. *Gaudium et spes*, 55).

Nadie debe eludir el reto de la época en la que le ha tocado vivir. Ocupen el lugar que les corresponde en la gran familia de los pueblos de este continente y de todo el mundo, no como los últimos que piden ser aceptados, sino como quienes con pleno derecho llevan consigo una tradición rica y grande, cuyos orígenes están en el cristianismo.

Les quiero hablar también de compromiso. El compromiso es la respuesta valiente de quienes no quieren malgastar su vida sino que desean ser protagonistas de la historia personal y social. Los invito a asumir un compromiso concreto, aunque sea humilde y sencillo, pero que emprendido con perseverancia se convierta en una gran prueba de amor y en el camino seguro para la propia santificación. Asuman un compromiso responsable en el seno de sus familias, en la vida de sus comunidades, en el entramado de la sociedad civil y también, a su tiempo, en las estructuras de decisión de la Nación.

No hay verdadero compromiso con la Patria sin el cumplimiento de los propios deberes y obligaciones en la familia, en la universidad, en la fábrica o en el campo, en el mundo de la cultura y el deporte, en los diversos ambientes donde la Nación se hace realidad y la sociedad civil entreteje la progresiva creatividad de la persona humana. No puede haber compromiso con la fe sin una presencia activa y audaz en todos los ambientes de la sociedad en los que Cristo y la Iglesia se encarnan. Los cristianos deben pasar de la sola presencia a la animación de esos ambientes, desde dentro, con la fuerza renovadora del Espíritu Santo.

El mejor legado que se puede hacer a las generaciones futuras es la transmisión de los valores superiores del espíritu. No se trata sólo de salvar algunos de ellos, sino de favorecer una educación ética y cívica que ayude a asumir nuevos valores, a reconstruir el propio carácter y el alma social sobre la base de una educación para la libertad, la justicia social y la responsabilidad. En este camino, la Iglesia, que es «experta en humanidad», se ofrece para acompañar a los jóvenes, ayudándolos a elegir con libertad y madurez el rumbo de su propia vida y ofreciéndoles los auxilios necesarios para *abrir el corazón y el alma a la trascendencia*. La apertura al misterio de lo sobrenatural les hará descubrir la bondad infinita, la belleza incomparable, la verdad suprema; en definitiva, la imagen que Dios ha querido grabar en cada hombre.

5. Me detengo ahora en un asunto vital para el futuro. La Iglesia en su Nación tiene la voluntad de estar al servicio no sólo de los católicos sino de todos los cubanos. Para poder servir mejor tiene necesidad urgente de sacerdotes salidos de entre los hijos de

este pueblo que sigan las huellas de los Apóstoles, anunciando el Evangelio y haciendo a sus hermanos partícipes de los frutos de la redención; tiene también necesidad de hombres y mujeres que, consagrando sus propias vidas a Cristo, se dediquen generosamente al servicio de la caridad; tiene necesidad de almas contemplativas que imploren la gracia y misericordia de Dios para su pueblo. Es responsabilidad de todos acoger cada día la invitación persuasiva, dulce y exigente de Jesús, que nos pide rogar al dueño de la mies que envíe obreros a su mies (cf. *Mt* 9, 38). Es responsabilidad de los llamados responder con libertad y en espíritu de profunda oblación personal a la voz humilde y penetrante de Cristo que dice, hoy como ayer y como siempre: ¡ven y sígueme!

Jóvenes cubanos, Jesús, al encarnarse en el hogar de María y José, manifiesta y consagra *la familia como santuario de la vida y célula fundamental de la sociedad*. La santifica con el sacramento del matrimonio y la constituye «centro y corazón de la civilización del amor» (Carta a las familias *Gratissimam sane*, 13). La mayor parte de Ustedes están llamados a formar una familia. ¡Cuántas situaciones de malestar personal y social tienen su origen en las dificultades, las crisis y los fracasos de la familia! Prepárense bien para ser en el futuro los constructores de hogares sanos y apacibles, en los que se viva el clima tonificador de la concordia, mediante el diálogo abierto y la comprensión recíproca. El divorcio nunca es una solución, sino un fracaso que se ha de evitar. Fomenten, por tanto, todo lo que favorezca la santidad, la unidad y la estabilidad de la familia, fundada sobre el matrimonio indisoluble y abierta con generosidad al don precioso de la vida.

«El amor es paciente, es servicial; el amor no es envidioso, no es jactancioso, no se engríe; no busca su interés; no se irrita. Todo lo excusa. Todo lo cree. Todo lo espera. Todo lo soporta» (*1 Co* 13, 4-7). El amor verdadero, al que el apóstol Pablo dedicó un himno en la primera Carta a los Corintios, es exigente. Su belleza está precisamente en su exigencia. Sólo quien, en nombre del amor, sabe ser exigente consigo mismo, puede exigir amor a los demás. Es preciso que los jóvenes de hoy descubran este amor, porque en él está el fundamento verdaderamente sólido de la familia. Rechacen con firmeza cualquiera de sus sucedáneos, como el llamado «amor libre». ¡Cuántas familias se han destruido por su causa! No olviden que seguir ciegamente el impulso afectivo significa, muchas veces, ser esclavo de las propias pasiones.

6. Déjenme que les hable también de María, la joven que realizó en sí misma la adhesión más completa a la voluntad de Dios y que, precisamente por eso, se ha convertido en modelo de la máxima perfección cristiana. Tuvo confianza en Dios: «¡Feliz la que ha creído que se cumplirían las cosas que le fueron dichas de parte del Señor!» (Lc 1, 45). Robustecida por la palabra recibida de Dios y conservada en su corazón (cf. Lc 2, 9), venció el egoísmo, derrotó el mal. El amor la preparó para el servicio humilde y concreto hacia el prójimo. A Ella se dirige también hoy la Iglesia, y la invoca incesantemente como ayuda y modelo de caridad generosa. A Ella dirige su mirada la juventud de Cuba para encontrar un ejemplo de defensa y promoción de la vida, de ternura, de fortaleza en el dolor, de pureza en el vivir y de alegría sana. Confíen a María sus corazones, queridos muchachos y muchachas, Ustedes que son el presente y el futuro de estas comunidades cristianas, tan probadas a lo largo de los años. No se separen nunca de María y caminen junto a ella. Así serán santos, porque reflejándose en Ella y confortados por su auxilio, acogerán la palabra de la promesa, la custodiarán celosamente en su interior y serán los heraldos de una nueva evangelización para una sociedad también nueva, la Cuba de la reconciliación y del amor.

Queridos jóvenes, *la Iglesia confía en Ustedes y cuenta con Ustedes*. A la luz de la vida de los santos y de otros testigos del Evangelio, y guiados por la atención pastoral de sus Obispos, ayúdense los unos a los otros a fortalecer su fe y a *ser los apóstoles del Año 2000*, haciendo presente al mundo que Cristo nos invita a ser alegres y que la verdadera felicidad consiste en darse por amor a los hermanos. Que el Señor siga derramando abundantes dones de paz y entusiasmo sobre todos los jóvenes hijos e hijas de la amada Nación cubana. Esto es lo que el Papa les desea con viva esperanza. Los bendigo de corazón.

Camagüey, 23 de enero de 1998.

Juan Pablo II

23 de enero. Encuentro con el mundo de la cultura

Discurso del Santo Padre en la Universidad de La Habana.
Tras rezar en la Tumba del Padre Varela, depositados en el Aula Magna de la Universidad de La Habana, 59 años después de haber fallecido en Nueva York, el papa afirmó que este al igual que José Martí fueron difusores de los ideales de democracia y libertad que conforman la nacionalidad cubana. Los restos del Padre Varela reposan allí en una urna de mármol blanco, con una inscripción, en latín, que reza: «Aquí descansa Félix Varela, sacerdote sin mancha, filósofo eximio, insigne educador de los jóvenes, artífice y defensor de la libertad de Cuba». Acto seguido, el cardenal Jaime Ortega, le dirigió unas breves palabras de presentación. A continuación tras unas palabras de bienvenida del rector de la Universidad de La Habana, Juan Vela Valdés, señaló al recibir al papa en esa institución que en las últimas cuatro décadas de régimen socialista la cultura cubana "se democratizó hasta alcanzar dimensiones insospechables".

Vela Valdés le recordó al papa que ese proceso ha transcurrido en medio de las dificultades y "las presiones económicas y políticas de la única superpotencia (mundial) que obstruyen cruelmente hasta el simple arribo a nuestro país de la más necesaria de las medicinas". Un claro ejemplo de que seguía las orientaciones fijadas.

Al fin comenzó el acto dirigido al mundo de la cultura, al que fueron invitados unos 300 intelectuales y también asistió el presidente cubano Fidel Castro, quien acompañó a Juan Pablo II durante todo el recorrido de ingreso y salida de la institución.

Señor Presidente de la República, gracias por su presencia.

Señores Cardenales y Obispos, Autoridades universitarias, Ilustres Señoras y Señores:

1. Es para mí un gozo encontrarme con ustedes en este venerable recinto de la Universidad de La Habana. A todos dirijo mi afectuoso saludo y, en primer lugar, quiero agradecer las palabras que el Señor Cardenal Jaime Ortega y Alamino ha tenido a bien dirigirme, en nombre de todos, para darme la bienvenida, así como el amable saludo del Señor Rector de esta Universidad, que me ha acogido en esta Aula Magna. En ella se conservan los restos del gran sacerdote y patriota, el Siervo de Dios Padre Félix Varela, ante los cuales he rezado. Gracias, Señor Rector, por presentarme

a esta distinguida asamblea de mujeres y hombres que dedican sus esfuerzos a la promoción de la cultura genuina en esta noble nación cubana.

2. La cultura es aquella forma peculiar con la que los hombres expresan y desarrollan sus relaciones con la creación, entre ellos mismos y con Dios, formando el conjunto de valores que caracterizan a un pueblo y los rasgos que lo definen. Así entendida, *la cultura tiene una importancia fundamental para la vida de las naciones y para el cultivo de los valores humanos más auténticos.* La Iglesia, que acompaña al hombre en su camino, que se abre a la vida social, que busca los espacios para su acción evangelizadora, se acerca, con su palabra y su acción, a la cultura.

La Iglesia católica no se identifica con ninguna cultura particular, sino que se acerca a todas ellas con espíritu abierto. Ella, al proponer con respeto su propia visión del hombre y de los valores, *contribuye a la creciente humanización de la sociedad.* En la evangelización de la cultura es Cristo mismo el que actúa a través de su Iglesia, ya que con su Encarnación «entra en la cultura» y «trae para cada cultura histórica el don de la purificación y de la plenitud» (*Conclusiones de Santo Domingo,* 228).

«Toda cultura es un esfuerzo de reflexión sobre el misterio del mundo y, en particular, del hombre: es un modo de expresar la dimensión trascendente de la vida humana» (*Discurso en la ONU,* 5 octubre 1995, 9). Respetando y promoviendo la cultura, la Iglesia respeta y promueve al hombre: al hombre que se esfuerza por hacer más humana su vida y por acercarla, aunque sea a tientas, al misterio escondido de Dios. *Toda cultura tiene un núcleo íntimo de convicciones religiosas y de valores morales,* que constituye como su «alma»; es ahí donde Cristo quiere llegar con la fuerza sanadora de su gracia. La evangelización de la cultura es como una elevación de su «alma religiosa», infundiéndole un dinamismo nuevo y potente, el dinamismo del Espíritu Santo, que la lleva a la máxima actualización de sus potencialidades humanas. En Cristo, toda cultura se siente profundamente respetada, valorada y amada; porque toda cultura está siempre abierta, en lo más auténtico de sí misma, a los tesoros de la Redención.

3. Cuba, por su historia y situación geográfica, tiene una cultura propia en cuya formación ha habido influencias diversas: la hispánica, que trajo el catolicismo; la africana, cuya religiosidad fue permeada por el cristianismo; la de los diferentes grupos de inmigrantes; y la propiamente americana. Es de justicia recordar la influencia que el Seminario de San Carlos y San Ambrosio, de La Habana, ha tenido en el desarrollo de la cultura nacional bajo el influjo de figuras como José Agustín Caballero, llamado por Martí «padre de los pobres y de nuestra filosofía», y el sacerdote Félix Varela, verdadero padre de la cultura cubana. La superficialidad o el anticlericalismo de algunos sectores en aquella época no son genuinamente representativos de lo que ha sido la verdadera idiosincrasia de este pueblo, que en su historia ha visto la fe católica como fuente de los ricos valores de la cubanía que, junto a las expresiones típicas, canciones populares, controversias campesinas y refranero popular, tiene una honda matriz cristiana, lo cual es hoy una riqueza y una realidad constitutiva de la Nación.

4. Hijo preclaro de esta tierra es el *Padre Félix Varela y Morales*, considerado por muchos como *piedra fundacional de la nacionalidad cubana*. Él mismo es, en su persona, la mejor síntesis que podemos encontrar entre fe cristiana y cultura cubana. Sacerdote habanero ejemplar y patriota indiscutible, fue un pensador insigne que renovó en la Cuba del siglo XIX los métodos pedagógicos y los contenidos de la enseñanza filosófica, jurídica, científica y teológica. Maestro de generaciones de cubanos, enseñó que para asumir responsablemente la existencia lo primero que se debe aprender es el difícil arte de pensar correctamente y con cabeza propia. Él fue el primero que habló de independencia en estas tierras. Habló

también de democracia, considerándola como el proyecto político más armónico con la naturaleza humana, resaltando a la vez las exigencias que de ella se derivan. Entre estas exigencias destacaba dos: que haya *personas educadas para la libertad y la responsabilidad*, con un proyecto ético forjado en su interior, que asuman lo mejor de la herencia de la civilización y los perennes valores trascendentes, para ser así capaces de emprender tareas decisivas al servicio de la comunidad; y, en segundo lugar, que *las relaciones humanas, así como el estilo de convivencia social, favorezcan los debidos espacios* donde cada persona pueda, con el necesario respeto y solidaridad, *desempeñar el papel histórico que le corresponde para dinamizar el Estado de Derecho*, garantía esencial de toda convivencia humana que quiera considerarse democrática.

El Padre Varela era consciente de que, en su tiempo, la independencia era un ideal todavía inalcanzable; por ello se dedicó a *formar personas, hombres de conciencia*, que no fueran soberbios con los débiles, ni débiles con los poderosos. Desde su exilio de Nueva York, hizo uso de los medios que tenía a su alcance: la correspondencia personal, la prensa y la que podríamos considerar su obra cimera, las *Cartas a Elpidio sobre la impiedad, la superstición y el fanatismo en sus relaciones con la sociedad*, verdadero monumento de enseñanza moral, que constituye su precioso legado a la juventud cubana. Durante los últimos treinta años de su vida, apartado de su cátedra habanera, continuó enseñando desde lejos, generando de ese modo una escuela de pensamiento, un estilo de convivencia social y una actitud hacia la patria que deben iluminar, también hoy, a todos los cubanos.

Toda la vida del Padre Varela estuvo *inspirada en una profunda espiritualidad cristiana*. Ésta es su motivación más fuerte, la fuente de sus virtudes, la raíz de su compromiso con la Iglesia y con Cuba: *buscar la gloria de Dios en todo*. Eso lo llevó a creer en la fuerza de lo pequeño, en la eficacia de las semillas de la verdad, en la conveniencia de que los cambios se dieran con la debida gradualidad hacia las grandes y auténticas reformas. Cuando se encontraba al final de su camino, momentos antes de cerrar los ojos a la luz de este mundo y de abrirlos a la Luz inextinguible, cumplió aquella promesa que siempre había hecho: «Guiado por la antorcha de la fe, camino al sepulcro en cuyo borde espero, con la gracia divina, hacer, con el último suspiro, una protestación de mi firme creencia y un voto fervoroso por la prosperidad de mi patria» (*Cartas a Elpidio*, tomo I, carta 6, p. 182).

5. Ésta es la herencia que el Padre Varela dejó. El bien de su patria sigue necesitando de la luz sin ocaso, que es Cristo. *Cristo es la vía que guía al hombre a la plenitud de sus dimensiones, el camino que conduce hacia una sociedad más justa, más libre, más humana y más solidaria.* El amor a Cristo y a Cuba, que iluminó la vida del Padre Varela, está en la raíz más honda de la cultura cubana. Recuerden la antorcha que aparece en el escudo de esta Casa de estudios: no es sólo memoria, sino también proyecto. Los propósitos y los orígenes de esta Universidad, su trayectoria y su herencia, marcan su vocación de ser madre de sabiduría y de libertad, inspiradora de fe y de justicia, crisol donde se funden ciencia y conciencia, maestra de universalidad y de cubanía.

La antorcha que, encendida por el Padre Varela, había de iluminar la historia del pueblo cubano, fue recogida, poco después de su muerte, por esa personalidad relevante de la nación que es *José Martí: escritor y maestro en el sentido más pleno de la palabra,* profundamente democrático e independentista, patriota, amigo leal aun de aquellos que no compartían su programa político. Él fue, sobre todo, un hombre de luz, coherente con sus valores éticos y animado por una espiritualidad de raíz eminentemente cristiana. Es considerado como un continuador del pensamiento del Padre Varela, a quien llamó «el santo cubano».

6. En esta Universidad se conservan los restos del Padre Varela como uno de sus tesoros más preciosos. Por doquier, en Cuba, se ven también los monumentos que la veneración de los cubanos ha levantado a José Martí. Y estoy convencido de que este pueblo ha heredado las virtudes humanas, de matriz cristiana, de ambos hombres, pues todos los cubanos participan solidariamente de su impronta cultural. En Cuba se puede hablar de *un diálogo cultural fecundo*, que es garantía de un crecimiento más armónico y de un incremento de iniciativas y de creatividad de la sociedad civil. En este país, la mayor parte de los artífices de la cultura —católicos y no católicos, creyentes y no creyentes— son hombres de diálogo, capaces de proponer y de escuchar. Los animo a proseguir en sus esfuerzos por encontrar una síntesis con la que todos los cubanos puedan identificarse; a buscar el modo de consolidar una identidad cubana armónica que pueda integrar en su seno sus múltiples tradiciones nacionales. La cultura cubana, si está abierta a la Verdad, afianzará su identidad nacional y la hará crecer en humanidad.

La Iglesia y las instituciones culturales de la Nación deben encontrarse en el diálogo, y cooperar así al desarrollo de la cultura cubana. Ambas tienen un camino y una finalidad común: servir al hombre, cultivar todas las dimensiones de su espíritu y fecundar desde dentro todas sus relaciones comunitarias y sociales. Las iniciativas que ya existen en este sentido deben encontrar apoyo y continuidad en una pastoral para la cultura, en diálogo permanente con personas e instituciones del ámbito intelectual.

Peregrino en una Nación como la suya, con la riqueza de una herencia mestiza y cristiana, confío que en el porvenir los cubanos alcancen una civilización de la justicia y de la solidaridad, de la libertad y de la verdad, una civilización del amor y de la paz que, como decía el Padre Varela, «sea la base del gran edificio de nuestra felicidad». Para ello me permito poner de nuevo en las manos de la juventud cubana aquel legado, siempre necesario y siempre actual, del Padre de la cultura cubana; aquella misión que el Padre Varela encomendó a sus discípulos: «Diles que ellos son la dulce esperanza de la patria y que no hay patria sin virtud, ni virtud con impiedad».

En el encuentro participaron cerca de trescientos representantes cubanos del mundo de la cultura: intelectuales, artistas y educadores. También se hallaban presentes todos los obispos de Cuba. Terminado el acto, a las 19.30, Su Santidad volvió, entre las aclamaciones de la gente que le esperaba por las calles de su recorrido hasta la Nunciatura Apostólica, donde cenó y pernoctó. Por su parte, en su mensaje dirigido a los intelectuales, el papa Juan Pablo II consideró al Padre Varela como el cimiento de la identidad nacional cubana y la «mejor síntesis posible entre la fe cubana y la cultura cubana». Abogó por la apertura de un diálogo entre la Iglesia y las instituciones nacionales que ayude a afianzar la cultura cubana.

Cuba, por su historia y situación geográfica, tiene una cultura propia en cuya formación ha habido influencias diversas: la hispánica, que trajo el catolicismo; la africana, cuya religiosidad fue permeada por el cristianismo; la de los diferentes grupos de inmigrantes, y la propiamente americana. Es de justicia recordar la influencia que el Seminario de San Carlos y San Ambrosio, de La Habana, ha tenido en el desarrollo de la cultura nacional bajo el influjo de figuras como José Agustín Caballero, llamado por Martí «padre de los pobres y de nuestra filosofía», y el sacerdote Félix Varela, verdadero padre de la cultura cubana. La superficialidad o el anticlericalismo de algunos sectores en aquella época no son genuinamente representativos de lo que ha sido la verdadera idiosincrasia de este pueblo, que en su historia ha visto la fe católica como fuente de los ricos valores de la cubanía que, junto a las expresiones típicas, canciones populares, controversias campesinas y refranero popular, tiene una honda matriz cristiana, lo cual es hoy una riqueza y una realidad constitutiva de la nación.

Hijo preclaro de esta tierra es el Padre Félix Varela y Morales, considerado por muchos como piedra fundacional de la nacionalidad cubana. Él mismo es, en su persona, la mejor síntesis que podemos encontrar entre fe cristiana y cultura cubana. Sacerdote habanero ejemplar y patriota indiscutible, fue un pensador insigne que renovó en la Cuba del siglo XIX los métodos pedagógicos y los contenidos de la enseñanza filosófica, jurídica, científica y teológica. Maestro de generaciones de cubanos, enseñó que para asumir responsablemente la existencia lo primero que se debe aprender es el difícil arte de pensar correctamente y con cabeza propia. Él fue el primero que habló de independencia en estas tierras. Habló también de democracia, considerándola como el proyecto político más armónico con la naturaleza humana, resaltando a la vez las exigencias que de ella se derivan. Entre estas exigencias destacaba dos: que haya personas educadas para la libertad y la responsabilidad, con un proyecto ético forjado en su interior, que asuman lo mejor de la herencia de la civilización y los perennes valores trascendentes, para ser así capaces de emprender tareas decisivas al servicio de la comunidad; y, en segundo lugar, que las relaciones humanas, así como el estilo de convivencia social, favorezcan los debidos espacios donde cada persona pueda, con el necesario respeto y solidaridad, desempeñar el papel histórico que le corresponde para dinamizar el Estado de derecho, garantía esencial de toda convivencia humana que quiera considerarse democrática.

El Padre Varela era consciente de que, en su tiempo, la independencia era un ideal todavía inalcanzable; por ello se dedicó a formar personas, hombres de conciencia que no fueran soberbios con los débiles, ni débiles con los poderosos. Desde su exilio de Nueva York, hizo uso de los medios que tenía a su alcance: la correspondencia personal, la prensa y la que podríamos considerar su obra cimera, las Cartas a Elpidio sobre la impiedad, la superstición y el fanatismo en sus relaciones con la sociedad, verdadero monumento de enseñanza moral, que constituye su precioso legado a la juventud cubana.

Durante los últimos treinta años de su vida, apartado de su cátedra habanera, continuó enseñando desde lejos, generando de ese modo una escuela de pensamiento, un estilo de convivencia social y una actitud hacia la patria que deben iluminar, también hoy, a todos los cubanos.

Toda la vida del Padre Varela estuvo inspirada en una profunda espiritualidad cristiana. Esta es su motivación más fuerte, la fuente de sus virtudes, la raíz de su compromiso con la Iglesia y con Cuba: buscar la gloria de Dios en todo. Eso lo llevó a creer en la fuerza de lo pequeño, en la eficacia de las semillas de la verdad, en la conveniencia de que los cambios se dieran con la debida gradualidad hacia las grandes y auténticas reformas. Cuando se encontraba al final de su camino, momentos antes de cerrar los ojos a la luz de este mundo y de abrirlos a la Luz inextinguible, cumplió aquella promesa que siempre había hecho: «Guiado por la antorcha de la fe, camino al sepulcro en cuyo borde espero, con la gracia divina, hacer, con el último suspiro, una protestación de mi firme creencia y un voto fervoroso por la prosperidad de mi patria» (Cartas a Elpidio, tomo I, carta 6, p. 182).

Ésta es la herencia que el Padre Varela dejó. El bien de su patria sigue necesitando de la luz sin ocaso, que es Cristo. Cristo es la vía que guía al hombre a la plenitud de sus dimensiones, el camino que conduce hacia una sociedad más justa, más libre, más humana y solidaria. El amor a Cristo y a Cuba, que iluminó la vida del Padre Varela, está en la raíz más honda de la cultura cubana. Recuerden la antorcha que aparece en el escudo de esta Casa de estudios: no es solo memoria, sino también proyecto. Los propósitos y los orígenes de esta Universidad, su trayectoria y su herencia, marcan su vocación de ser madre de sabiduría y de libertad, inspiradora de fe y de justicia, crisol donde se funden ciencia y conciencia, maestra de universalidad y de cubanía.

La antorcha que, encendida por el Padre Varela, había de iluminar la historia del pueblo cubano, fue recogida, poco después de su muerte, por esa personalidad relevante de la nación que es José Martí: escritor y maestro en el sentido más pleno de la palabra, profundamente democrático e independentista, patriota, amigo leal aun de aquellos que no compartían su programa político. Él fue, sobre todo, un hombre de luz, coherente con sus valores éticos y animado por una espiritualidad de raíz eminentemente cristiana. Es considerado como un continuador del pensamiento del Padre Varela, a quien llamó «el santo cubano».

Prestemos atención a las últimas palabras del santo padre:

> Peregrino en una nación como la suya, con la riqueza de una herencia mestiza y cristiana, confío que en el porvenir los cubanos alcancen una civilización de la justicia y de la solidaridad, de la libertad y de la verdad, una civilización del amor y de la paz que, como decía el Padre Varela, «sea la base del gran edificio de nuestra felicidad». Para ello me permito poner de nuevo en las manos

de la juventud cubana aquel legado, siempre necesario y actual, del Padre de la cultura cubana; aquella misión que el Padre Varela encomendó a sus discípulos: «Diles que ellos son la dulce esperanza de la patria y que no hay patria sin virtud, ni virtud con impiedad».

Sin mencionar al régimen, Juan Pablo II, aludiendo a párrafos históricos, había hablado de que el sistema debía ser reemplazado por un auténtico sistema cubano de libertad. Con independencia de las posibilidades de desarrollo de este fenómeno singular entre la intelectualidad cubana, no hay dudas de que el encuentro del papa con el mundo de la cultura tuvo una gran trascendencia para este sector que demostró con una larga ovación su reconocimiento a la figura del Pontífice y a las ideas expresadas en el recinto del Aula Magna.

No debieron sentar muy bien aquellas palabras, ya que aquella noche se convocó una reunión extraordinaria del Comité Central del Partido Comunista y al día siguiente, Raúl Castro, asistió inesperadamente a la misa del papa en Santiago de Cuba, celebrada con el telón de fondo de la Sierra Maestra. Raúl Castro tuvo que soportar la primera gran manifestación del símbolo nacional cubano, la procesión de la pequeña estatua de Nuestra Señora de la Caridad del Cobre que transportada sobre una camioneta Toyota, recibió los gritos de entusiasmo de más de doscientas cincuenta mil personas. Además, tuvo que escuchar contundentes denuncias de «falso mesianismo», pronunciadas por el arzobispo de Santiago, Monseñor Meurice Estiú.

24 de enero. Misa en Santiago de Cuba

Palabras del arzobispo Pedro Meurice y Homilía del Santo Padre

Temprano, como en los días anteriores, el papa se trasladó en avión hasta el aeropuerto Antonio Maceo de Santiago de Cuba, distante 750 km en un vuelo de hora y media. Santiago de Cuba, la ciudad donde el 26 de julio de 1953 se produjo el asalto al Cuartel Moncada, llevado a cabo por jóvenes revolucionarios dirigidos por Fidel Castro. Aunque la acción revolucionaria fracasó, elevó a su líder a un lugar destacado en la política cubana.

Posteriormente al desembarco del Granma, se reunió con Frank País, muerto días después en extrañas circunstancias, tras prometer a Fidel en la Sierra Maestra fortalecer la guerrilla con los combatientes de la clandestinidad. Este plan contribuyó a que se lograra la victoria. En los días finales de 1958, las tropas dirigidas por el comandante Fidel Castro y las que estaban al mando de los comandantes Huber Matos y Juan Almeida sitiaron la ciudad.

El 31 de diciembre de este mismo año Batista y sus principales colaboradores abandonaron el país. El ejército rebelde tomó la ciudad apoyado por los grupos que operaban en la clandestinidad. Al final de la noche del primero de enero, desde el balcón central del Ayuntamiento, situado actualmente frente al parque Céspedes, Fidel proclamó el triunfo de la Revolución cubana.

Santiago de Cuba, además de ese pasado guerrillero inmediato, era una ciudad llena de historia. Allí fue recibido el papa Juan Pablo II por el arzobispo metropolitano, Mons. Pedro Claro Meurice Estiú, quien les presentó a las autoridades locales. El papa siguió en coche panorámico hasta la plaza Antonio Maceo. El podio estaba preparado en la escalinata del monumento ecuestre, de piedra. El palco, coronado por una gran cruz, se elevaba en medio de la plaza. En el centro del mismo se hallaba un crucifijo y, a la derecha, la imagen original de la Virgen de la Caridad del Cobre, traída del santuario. Allí celebró la Santa Misa, con la participación de más de quinientas mil personas. Concelebraron, asimismo, catorce cardenales, noventa entre arzobispos y obispos, y más de cien sacerdotes. En la liturgia se utilizaron los textos de la misa de la Virgen de la Caridad del Cobre. Al comienzo de la celebración, el arzobispo Meurice dirigió al papa unas palabras, que han pasado a la historia:

Santísimo Padre: En nombre de la Arquidiócesis de Santiago de Cuba y de todos los hombres de buena voluntad de estas provincias orientales le doy la más cordial bienvenida. Esta es una tierra indómita y hospitalaria, cuna de libertad y hogar de corazón abierto. Lo recibimos como a un Padre en esta tierra que custodia, con entrañas de dignidad y raíces de cubanía, la campana de la Damajagua y la bendita imagen de la Virgen de la Caridad del Cobre. El calor de Oriente, el alma indomable de Santiago y el amor filial de los católicos de esta diócesis primada proclaman: ¡Bendito el que viene en nombre del Señor!

Quiero presentarle, Santo Padre, a este pueblo que me ha sido confiado.

Mons. Pedro Meurice Estiú con el papa Juan Pablo II

Quiero que Su Santidad conozca nuestros logros en educación, salud, deportes…, nuestras grandes potencialidades y virtudes…, los anhelos y las angustias de esta porción del pueblo cubano.

Santidad, este es un pueblo noble y es también un pueblo que sufre. Este es un pueblo que tiene la riqueza de la alegría y la pobreza material que lo entristece y agobia casi hasta no dejarlo ver más allá de la inmediata subsistencia.

Este es un pueblo que tiene vocación de universalidad y es hacedor de puentes de vecindad y afecto, pero cada vez está más bloqueado por intereses foráneos y padece una cultura del egoísmo debido a la dura crisis económica y moral que sufrimos.

Nuestro pueblo es respetuoso de la autoridad y le gusta el orden pero necesita aprender a desmitificar los falsos mesianismos.

Este es un pueblo que ha luchado largos siglos por la justicia social y ahora se encuentra, al final de una de esas etapas, buscando otra vez como superar las desigualdades y la falta de participación.

Santo Padre: Cuba es un pueblo que tiene una entrañable vocación a la solidaridad, pero a lo largo de su historia, ha visto desarticulado o encallados los espacios de asociación y participación de la sociedad civil, de modo que le presento el alma de una nación que anhela reconstruir la fraternidad a base de libertad y solidaridad.

Quiero que sepa, Beatísimo Padre, que toda Cuba ha aprendido a mirar en la pequeñez de la imagen de esta Virgen Bendita, que será coronada hoy por su Santidad, que la grandeza no está en las dimensiones de las cosas y las estructuras sino en la estatura moral del espíritu humano.

Deseo presentar en esta Eucaristía a todos aquellos cubanos y santiagueros que no encuentran sentido a sus vidas, que no han podido optar y desarrollar un proyecto de vida por causa de un camino de despersonalización que es fruto del paternalismo. Le presento además, a un número creciente de cubanos que han confundido la Patria con un partido, la nación con el proceso histórico que hemos vivido en las últimas décadas y la cultura con una ideología. Son cubanos que al rechazar todo de una vez sin discernir, se sienten desarraigados, rechazan lo de aquí y sobrevaloran todo lo extranjero. Algunos consideran esta como una de las causas más profundas del exilio interno y externo.

Santo Padre: Durante años este pueblo ha defendido la soberanía de sus fronteras geográficas con verdadera dignidad, pero hemos olvidado un tanto que esa independencia debe brotar de una soberanía de la persona humana que sostiene desde abajo todo proyecto como nación.

Le presentamos la época gloriosa del P. Varela, del Seminario San Carlos en La Habana y de San Antonio María Claret en Santiago, pero también los años oscuros en que, por el desgobierno del patronato la Iglesia fue diezmada a principios del siglo XIX y así atravesó el umbral de esta centuria tratando de recuperarse hasta que, en la década del 50, encontró su máximo esplendor y cubanía. Luego, fruto de la confrontación ideológica con el marxismo-leninismo, estatalmente inducido, volvió a ser empobrecida de medios y agentes de pastoral, pero no de mociones del Espíritu como fue el Encuentro Nacional Eclesial cubano.

Su Santidad encuentra a esta Iglesia en una etapa de franco crecimiento y de sufrida credibilidad que brota de la cruz vivida y compartida. Algunos quizás puedan confundir este despertar religioso con un culto pietista o con una falsa paz interior que escapa del compromiso.

Hay otra realidad que debo presentarle: la nación vive aquí y vive en la diáspora. El cubano sufre, vive y espera aquí y también sufre, vive y espera allá fuera. Somos un único pueblo que, navegando a trancos sobre todos los mares, seguimos buscando la unidad que no será nunca fruto de la uniformidad sino de un alma común y compartida a partir de la diversidad.

Por esos mares vino también esta Virgen, mestiza como nuestro pueblo. Ella es la esperanza de todos los cubanos. Ella es la Madre cuyo manto tiene cobija para todos los cubanos sin distinción de raza, credo, opción política o lugar donde viva.

La Iglesia en América Latina hizo en Puebla la opción por los pobres, y los más pobres entre nosotros son aquellos que no tienen el don preciado de la libertad.

Ore, Santidad, por los enfermos, por los presos, por los ancianos y por los niños.

Santo Padre: Los cubanos suplicamos humildemente a su Santidad que ofrezca sobre el altar, junto al Cordero Inmaculado que se hace para nosotros Pan de Vida, todas estas luchas y azares del pueblo cubano, tejiendo sobre la frente de la Madre del Cielo, esta diadema de realidades, sufrimientos, alegrías y esperanzas, de modo que, al coronar con ella esta imagen de Santa María, la Virgen Madre de nuestro Señor Jesucristo, que en Cuba llamamos bajo el incomparable título de Nuestra Señora de la Caridad del Cobre, la declare como Reina de la República de Cuba.

Así todas las generaciones de cubanos podremos continuar dirigiéndonos a Ella, pero con mayor audacia apostólica y serenidad de espíritu, con las bellas estrofas de su himno: «Y tu Nombre será nuestro escudo, nuestro amparo tu gracia será».

Su Santidad Juan Pablo II escuchó en silencio, O'Connor comenzó a aplaudir, y comentó que si no hubiese sido por el protocolo, el papa se hubiera levantado para abrazar a Meurice al terminar este su valiente filípica en Santiago de Cuba. Después pronunció su mensaje:

1. «*Dichosa la nación cuyo Dios es el Señor*» (*Sal* 32, 12). Hemos cantado con el salmista que la dicha acompaña al pueblo que tiene a Dios como su Señor. Hace más de quinientos años, cuando llegó la cruz de Cristo a esta Isla, y con ella su mensaje salvífico, comenzó un proceso que, alimentado por la fe cristiana, ha ido forjando los rasgos característicos de esta Nación. En la serie de sus hombres ilustres están: aquel soldado que fue el primer catequista y misionero de Macaca; también el primer maestro cubano que fue el P. Miguel de Velázquez; el sacerdote Esteban Salas, padre de la música cubana; el insigne bayamés Carlos Manuel de Céspedes, Padre de la Patria, el cual, postrado a los pies de la Virgen de la Caridad, inició su lucha por la libertad y la independencia de Cuba; Antonio de la Caridad Maceo y Grajales, cuya estatua preside la plaza que hoy acoge nuestra celebración, al cual su madre pidió delante del crucifijo que se entregara hasta el extremo por la libertad de Cuba. Además de éstos, hay muchos hombres y mujeres ilustres que, movidos por su inquebrantable fe en Dios, eligieron la vía de la libertad y la justicia como bases de la dignidad de su pueblo.

2. Me complace encontrarme hoy en esta Arquidiócesis tan insigne, que ha contado entre sus Pastores a San Antonio María

Claret. Ante todo, dirijo mi cordial saludo a Mons. Pedro Meurice Estiú, Arzobispo de Santiago de Cuba y Primado de esta Nación, así como a los demás Cardenales, Obispos, sacerdotes y diáconos, comprometidos en la extensión del Reino de Dios en esta tierra. Saludo asimismo a los religiosos y religiosas y a todo el pueblo fiel aquí presente. Deseo dirigir también un deferente saludo al Señor Vicepresidente del Consejo de Estado y Ministro Raúl Castro y a las demás autoridades civiles que han querido participar en esta Santa Misa y les agradezco la cooperación prestada para su organización.

3. En esta celebración vamos a coronar la imagen de la Virgen de la Caridad del Cobre. Desde su santuario, no lejos de aquí, la Reina y Madre de todos los cubanos —sin distinción de razas, opciones políticas o ideologías—, guía y sostiene, como en el pasado, los pasos de sus hijos hacia la Patria celeste y los alienta a vivir de tal modo que *en la sociedad reinen siempre los auténticos valores morales*, que constituyen el rico patrimonio espiritual heredado de los mayores. A Ella, como hizo su prima Isabel, nos dirigimos agradecidos para decirle: «*Dichosa tú, que has creído, porque lo que te ha dicho el Señor se cumplirá*» (*Lc* 1, 45). En estas palabras está el secreto de la verdadera felicidad de las personas y de los pueblos: creer y proclamar que el Señor ha hecho maravillas para nosotros y que su misericordia llega a sus fieles de generación en generación. Este convencimiento es la fuerza que anima a los hombres y mujeres que, aun a costa de sacrificios, se entregan desinteresadamente al servicio de los demás.

El ejemplo de disponibilidad de María nos señala el camino a recorrer. Con Ella la Iglesia lleva a cabo su vocación y su misión, anunciando a Jesucristo y exhortando a hacer lo que Él nos dice; construyendo también la fraternidad universal en la que cada hombre pueda llamar Padre a Dios.

4. Como la Virgen María, *la Iglesia es Madre y Maestra en el seguimiento de Cristo*, luz para los pueblos, y *dispensadora de la misericordia divina*. Como comunidad de todos los bautizados, es asimismo *recinto de perdón, de paz y reconciliación*, que abre sus brazos a todos los hombres para anunciarles al Dios verdadero. Con el servicio a la fe de los hombres y mujeres de este amado pueblo, la Iglesia los ayuda a progresar por el camino del bien. Las obras de evangelización que van teniendo lugar en diversos ambientes, como por ejemplo las misiones en barrios y pueblos sin iglesias, deben ser cuidadas y fomentadas para que puedan desarrollarse y servir no sólo a los católicos, sino a *todo el pueblo cubano para que conozca a Jesucristo y lo ame*. La historia enseña que sin fe desaparece la virtud, los valores morales se oscurecen, no resplandece la verdad, la vida pierde su sentido trascendente y aun el servicio a la nación puede dejar de ser alentado por las motivaciones más profundas. A este respecto, Antonio Maceo, el gran patriota oriental, decía: «Quien no ama a Dios, no ama a la Patria».

La Iglesia llama a todos a *encarnar la fe en la propia vida*, como el mejor camino para el desarrollo integral del ser humano, creado a imagen y semejanza de Dios, y para *alcanzar la verdadera libertad*, que incluye el reconocimiento de los derechos humanos y la justicia social. A este respecto, los *laicos católicos*, salvaguardando su propia identidad para poder ser «sal y fermento» en medio de la sociedad de la que forman parte, tienen *el deber y el derecho de participar en el debate público en igualdad de oportunidades* y en actitud de diálogo y reconciliación. Asimismo, el bien de una nación debe ser fomentado y procurado por los propios ciudadanos a través de medios pacíficos y graduales. De este modo cada persona, gozando de libertad de expresión, capacidad de iniciativa y de propuesta en el seno de la sociedad civil y de la adecuada libertad de asociación, podrá *colaborar eficazmente en la búsqueda del bien común.*

La Iglesia, inmersa en la sociedad, *no busca ninguna forma de poder político para desarrollar su misión,* sino que quiere ser germen fecundo de bien común al hacerse presente en las estructuras sociales. Mira en primer lugar a la persona humana y a la comunidad en la que vive, sabiendo que su primer camino es el hombre concreto en medio de sus necesidades y aspiraciones. Todo lo que la Iglesia reclama para sí lo pone al servicio del hombre y de la sociedad. En efecto, Cristo le encargó llevar su mensaje a todos los pueblos, para lo cual necesita un espacio de libertad y los medios suficientes. Defendiendo su propia libertad, la Iglesia defiende la de cada persona, la de las familias, la de las diversas organizaciones sociales, realidades vivas, que tienen derecho a un ámbito propio de autonomía y soberanía (cf. *Centesimus annus,* 45). En este sentido, «*el cristiano y las comunidades cristianas viven profundamente insertados en la vida de sus pueblos respectivos* y son signo del Evangelio incluso por la fidelidad a su patria, a su pueblo, a la cultura nacional, pero siempre con la libertad que Cristo ha traído… La Iglesia está llamada a dar su testimonio de Cristo, asumiendo posiciones valientes y proféticas ante la corrupción del poder político o económico; no buscando la gloria o los bienes materiales; usando sus bienes para el servicio de los más pobres e imitando la sencillez de la vida de Cristo» (*Redemptoris missio,* 43). Esta es una continua y permanente enseñanza del Magisterio Social, de la así llamada Doctrina Social de la Iglesia.

5. Al recordar estos aspectos de la misión de la Iglesia, demos gracias a Dios, que nos ha llamado a formar parte de la misma. En ella, la Virgen María ocupa un lugar singular. Expresión de esto es la coronación de la venerada imagen de la Virgen de la Caridad del Cobre. La historia cubana está jalonada de maravillosas muestras de amor a su Patrona, a cuyos pies las figuras de los humildes

nativos, dos indios y un moreno, simbolizan la rica pluralidad de este pueblo. El Cobre, donde está su Santuario, fue el primer lugar de Cuba donde se conquistó la libertad para los esclavos.

Amados fieles, no olviden nunca los grandes acontecimientos relacionados con su Reina y Madre. Con el dosel del altar familiar, Céspedes confeccionó la bandera cubana y fue a postrarse a los pies de la Virgen antes de iniciar la lucha por la libertad. Los valientes soldados cubanos, los mambises, llevaban sobre su pecho la medalla y la «medida» de su bendita imagen. El primer acto de Cuba libre tuvo lugar cuando en 1898 las tropas del General Calixto García se postraron a los pies de la Virgen de la Caridad en una solemne misa para la «Declaración mambisa de la Independencia del pueblo cubano». Las diversas peregrinaciones que la imagen ha hecho por los pueblos de la Isla, acogiendo los anhelos y esperanzas, los gozos y las penas de todos sus hijos, han sido siempre grandes manifestaciones de fe y de amor.

Desde aquí quiero enviar también *mi saludo a los hijos de Cuba que en cualquier parte del mundo veneran a la Virgen de la Caridad*; junto con todos sus hermanos que viven en esta hermosa tierra, los pongo bajo su maternal protección, pidiéndole a *Ella, Madre amorosa de todos, que reúna a sus hijos por medio de la reconciliación y la fraternidad.*

6. Hoy, siguiendo con esa gloriosa tradición de amor a la Madre común, antes de proceder a su coronación quiero dirigirme a Ella e invocarla con todos Ustedes:

¡Virgen de la Caridad del Cobre,
Patrona de Cuba!
¡Dios te salve, María, llena de gracia!
Tú eres la Hija amada del Padre,
la Madre de Cristo, nuestro Dios,

el Templo vivo del Espíritu Santo.

Llevas en tu nombre, Virgen de la Caridad,
la memoria del Dios que es Amor,
el recuerdo del mandamiento nuevo de Jesús,
la evocación del Espíritu Santo:
amor derramado en nuestros corazones,
fuego de caridad enviado en Pentecostés sobre la Iglesia,
don de la plena libertad de los hijos de Dios.

¡Bendita tú entre las mujeres
y bendito el fruto de tu vientre, Jesús!
Has venido a visitar nuestro pueblo
y has querido quedarte con nosotros
como Madre y Señora de Cuba,
a lo largo de su peregrinar
por los caminos de la historia.
Tu nombre y tu imagen están esculpidos
en la mente y en el corazón de todos los cubanos,
dentro y fuera de la Patria,
como signo de esperanza y centro de comunión fraterna.

¡Santa María, Madre de Dios y Madre nuestra!
Ruega por nosotros ante tu Hijo Jesucristo,
intercede por nosotros con tu corazón maternal,
inundado de la caridad del Espíritu.
Acrecienta nuestra fe, aviva la esperanza,
aumenta y fortalece en nosotros el amor.
Ampara nuestras familias,
protege a los jóvenes y a los niños,

consuela a los que sufren.

Sé Madre de los fieles y de los pastores de la Iglesia,

modelo y estrella de la nueva evangelización.

¡Madre de la reconciliación!

Reúne a tu pueblo disperso por el mundo.

Haz de la nación cubana un hogar de hermanos y hermanas

para que este pueblo abra de par en par

su mente, su corazón y su vida a Cristo,

único Salvador y Redentor,

que vive y reina con el Padre y el Espíritu Santo,

por los siglos de los siglos.

Amén.

(Al final de la misa en Santo Padre anuncia la erección de la nueva diócesis de Guantánamo-Baracoa)

He tenido la dicha de celebrar con todos Ustedes la Santa Misa en esta Plaza dedicada a Antonio Maceo. Con su presencia aquí han dado también testimonio visible de la perseverancia y del crecimiento de la Iglesia en esta hermosa tierra, que son expresión de su rica vitalidad. A este respecto, tengo la alegría de comunicar que, para favorecer mejor la acción de la Iglesia en Cuba, he decidido erigir la diócesis de Guantánamo-Baracoa, nombrando como primer Obispo de la misma a Monseñor Carlos Jesús Patricio Baladrón Valdés, hasta ahora Obispo auxiliar de La Habana.

Quiero animar a los sacerdotes y fieles de la nueva circunscripción eclesiástica a comprometerse a edificar, como piedras vivas en torno a su Pastor, esta Iglesia particular que nace hoy. Querido Monseñor Baladrón, considere la gran importancia de la misión que ahora se le confía y anuncie con todas sus fuerzas la Buena Nueva de Jesucristo a sus diocesanos, convocándolos a la Eucaristía y los demás Sacramentos, para crecer así en santidad y justicia en la presencia del Señor.

(Antes de impartir la bendición apostólica)

Quiero agradecer este calor, calor atmosférico pero también calor humano, calor de los corazones. A este pueblo, a esta Iglesia tan calurosa quiero ofrecer la bendición final de la Misa.

Aquel día, los fieles manifestaban continuamente su entusiasmo con diversos estribillos: «Juan Pablo, hermano, quédate conmigo aquí en Santiago», «Cuba con el papa renueva su esperanza», «Cuba con María, renueva su alegría», «Juan Pablo, valiente, te aclama todo Oriente», etc. Cuando exclamaron: «Juan Pablo, amigo, Cuba está contigo», él, improvisando, respondió: *«Cuba, amigo, el papa está contigo»*. Después de la oración de los fieles, tuvo lugar el acto central de la celebración: la solemne coronación de la patrona de Cuba. La imagen de la Virgen de la Caridad del Cobre ya había sido coronada, el 20 de diciembre de 1936, por el entonces arzobispo de Santiago de Cuba, Mons. Valentín Zubizarreta, en representación del papa Pío XI. Pero, el Santo Padre Juan Pablo II quiso hacerlo ahora personalmente. Cuatro sacerdotes con celebrantes acercaron al Vicario de Cristo la imagen de la Virgen y el papa la coronó. Colocó en su brazo un rosario de oro que él mismo quiso dejarle como regalo. En el ofertorio, los dones fueron presentados por fieles de las tres circunscripciones eclesiásticas de la región: Holguín, Santísimo Salvador de Bayamo y Manzanillo, y Santiago de Cuba. La diócesis de Holguín ofreció como don una barca de artesanía local, que representaba a los tres pescadores a los que se les apareció la Virgen de la Caridad; la diócesis de Santísimo Salvador de Bayamo y Manzanillo, un pergamino con la partitura del himno nacional, un escudo de Cuba y una bandera, y la de Santiago de Cuba, entre otras cosas, la cruz de la Parra, un cuadro de la Virgen de la Caridad y otro con un retrato del Santo Padre.

Se dirigió, a continuación al santuario de San Lázaro. Allí tuvo un encuentro con un centenar de enfermos de lepra y de Sida. A las puertas del santuario el papa fue acogido con el repicar de las tres campanas del templo y con la música del Aleluya del «Mesías» de Händell interpretado por la Orquesta del hospital psiquiátrico de La Habana, formada por veinticinco miembros. Dentro de la iglesia, un coro de niños, dirigidos por una de las Hijas de la Caridad, le dio la bienvenida con cantos. El acto comenzó con un breve saludo litúrgico leído por el papa y una oración a San Lázaro. A continuación, el cardenal Ortega, dirigió unas palabras al Santo Padre. El Romano Pontífice a su vez pronunció otro discurso.

24 de enero. Rincón de San Lázaro

Mundo del dolor

En mi visita a esta noble tierra no podía faltar un encuentro con *el mundo del dolor*, porque *Cristo está muy cerca de todos los que sufren*. Les saludo con todo afecto, queridos enfermos acogidos en el cercano Hospital Doctor Guillermo Fernández Hernández-Baquero, que hoy llenan este Santuario de San Lázaro, el amigo del Señor. En ustedes quiero saludar también a los demás enfermos de Cuba, a los ancianos que están solos, a cuantos padecen en su cuerpo o en su espíritu. Con mi palabra y afecto quiero llegar hasta todos siguiendo la exhortación del Señor: «Estuve enfermo y me visitaron» (*Mt* 25, 36). Les acompaña también el cariño del papa, la solidaridad de la Iglesia, el calor fraterno de los hombres y mujeres de buena voluntad.

Saludo a las *Hijas de la Caridad de San Vicente de Paúl*, que trabajan en este Centro, y en ellas saludo a las demás almas consagradas que, pertenecientes a diversos Institutos religiosos, trabajan con amor en otros lugares de esta hermosa Isla para aliviar los sufrimientos de cada persona necesitada. La comunidad eclesial les está muy agradecida, pues contribuyen así a esta misión concreta desde su carisma particular, ya que «el Evangelio se hace operante mediante la caridad, que es gloria de la Iglesia y signo de su fidelidad al Señor» (*Vita consecrata*, 82).

Quiero saludar también a los *médicos, enfermeros* y *personal auxiliar*, que con competencia y dedicación utilizan los recursos de la ciencia para aliviar el sufrimiento y el dolor. La Iglesia estima su labor, pues animada por el espíritu de servicio y solidaridad con el prójimo, recuerda la obra de Jesús que «curaba a los enfermos» (*Mt* 8, 16). Conozco los grandes esfuerzos que se hacen en Cuba en el campo de la salud, a pesar de las limitaciones económicas que sufre el País.

Vengo como peregrino de la verdad y la esperanza a este Santuario de San Lázaro, como testigo, en la propia carne, del significado y el valor que tiene el sufrimiento cuando se acoge acercándose confiadamente a Dios, «rico en misericordia». Este lugar es sagrado para los cubanos, porque aquí experimentan la gracia quienes se dirigen con fe a Cristo con la misma certeza de San Pablo: «Todo lo puedo en Aquel que me conforta» (*Flp* 4, 13). Aquí podemos repetir las palabras con las que Marta, hermana de Lázaro, expresó a Jesucristo su confianza, arrancándole así el milagro de la resurrección de su hermano: «*Sé que todo lo que pidas a Dios, Dios te lo concederá*» (*Jn* 11, 22) y las palabras con las que le confesó a continuación: «*Sí, Señor, yo creo que tú eres el Mesías, el Hijo de Dios vivo, el que tenía que venir al mundo*» (*Jn* 11, 27).

Queridos hermanos, todo ser humano experimenta, de una forma u otra, el dolor y el sufrimiento en la propia vida y no puede menos que interrogarse sobre el mismo. *El dolor es un misterio*, muchas veces inescrutable para la razón. *Forma parte del misterio de la persona humana*, que solo se esclarece en Jesucristo, quien revela al hombre su propia identidad. Solo desde Él podremos encontrar el sentido a todo lo humano.

«El sufrimiento —como he escrito en la Carta Apostólica *Salvifici doloris*— no puede ser transformado y cambiado con una gracia exterior sino interior... Pero este proceso interior no se desarrolla siempre de igual manera... Cristo no responde directamente ni en abstracto a esta pregunta humana sobre el sentido del sufrimiento. El hombre percibe su respuesta salvífica a medida que él mismo se convierte en partícipe de los sufrimientos de Cristo. La respuesta que llega mediante esta participación es... una llamada: «Sígueme», «Ven», *toma parte con tu sufrimiento en esta obra de salvación del mundo*, que se realiza a través de mi sufrimiento. Por medio de mi cruz» (n. 26).

Éste es el verdadero sentido y el valor del sufrimiento, de los dolores corporales, morales y espirituales. Esta es la Buena Noticia que les quiero comunicar. A la pregunta humana, el Señor responde con una llamada, con una vocación especial que, como tal, tiene su base en el amor. Cristo no llega hasta nosotros con explicaciones y razones para tranquilizarnos o para alienarnos. Más bien viene a decirnos: Vengan conmigo. Síganme en el camino de la cruz. La cruz es sufrimiento. *«Todo el que quiera seguirme, niéguese a sí mismo, cargue con su cruz y sígame»* (*Lc* 9, 23). Jesucristo ha tomado la delantera en el camino de la cruz; Él ha sufrido primero. No nos empuja al sufrimiento, sino que lo comparte con nosotros y quiere que tengamos vida y la tengamos en abundancia (cf. *Jn* 10, 10).

El sufrimiento se transforma cuando experimentamos en nosotros la cercanía y la solidaridad del Dios vivo: *«Yo sé que mi redentor vive, y al fin... yo veré a Dios»* (*Jb* 19, 25-26). Con esa certeza se adquiere la paz interior, y de esa alegría espiritual, sosegada y profunda que brota del «Evangelio del sufrimiento» se adquiere la conciencia de la grandeza y dignidad del hombre que sufre generosamente y ofrece su dolor *«como hostia viva, consagrada y agradable a Dios»* (*Rm* 12, 1). Así, el que sufre ya no es una carga para los otros, sino que contribuye a la salvación de los demás con su sufrimiento.

El sufrimiento no es solo de carácter físico, como puede ser la enfermedad. Existe también el sufrimiento del alma, como el que padecen los segregados, los perseguidos, los encarcelados por diversos delitos o por razones de conciencia, por ideas pacíficas aunque discordantes. Estos últimos sufren el aislamiento y una pena por la que su conciencia no los condena, mientras desean incorporarse a la vida activa con espacios donde puedan expresar y proponer sus opiniones con respeto y tolerancia. Aliento a promover esfuerzos en vista de la reinserción social de la población penitenciaria. Esto es un gesto de alta humanidad y es una semilla de reconciliación, que honra a la autoridad que la promueve y fortalece también la convivencia pacífica en el País. A todos los presos, y a sus familias que sufren la separación y anhelan su reencuentro, les mando mi cordial saludo, animándolos a no dejarse vencer por el pesimismo o el desaliento.

Queridos hermanos: los cubanos necesitan de la fuerza interior, de la paz profunda y de la alegría que brota del «Evangelio del sufrimiento». Ofrézcanlo de modo generoso para que Cuba «vea a Dios cara a cara», es decir, para que camine a la luz de su Rostro hacia el Reino eterno y universal, para que cada cubano, desde lo más profundo de su ser, pueda decir: «*Yo sé que mi Redentor vive*» (*Jb* 19, 25). Ese Redentor no es otro que Jesucristo, nuestro Señor.

La dimensión cristiana del sufrimiento no se reduce solo a su significado profundo y a su carácter redentor. El dolor llama al amor, es decir, ha de generar solidaridad, entrega, generosidad en los que sufren y en los que se sienten llamados a acompañarlos y ayudarlos en sus penas. La parábola del Buen Samaritano (cf. *Lc* 10, 29ss), que nos presenta el Evangelio de la solidaridad con el prójimo que sufre, «se ha convertido en uno de los elementos esenciales de la cultura moral y de la civilización universalmente humana» (*Salvifici doloris*, 29). En efecto, en esta parábola Jesús nos enseña que el *prójimo es todo aquel que encontramos en nuestro camino, herido y necesitado de socorro*, al que se ha de ayudar en los males que le afligen, con los medios adecuados, haciéndose cargo de él hasta su completo restablecimiento. La familia, la escuela, las demás instituciones educativas, aunque solo sea por motivos humanitarios, deben trabajar con perseverancia para despertar y afinar esa sensibilidad hacia el prójimo y su sufrimiento, del que es un símbolo la figura del samaritano. La elocuencia de la parábola del Buen Samaritano, como también la de todo el Evangelio, es concretamente esta: el hombre debe sentirse llamado personalmente a *testimoniar el amor en el sufrimiento*. «Las instituciones son muy importantes e indispensables; sin embargo, ninguna institución puede de suyo sustituir al corazón humano, la compasión humana, el amor humano, la iniciativa humana, cuando se trata de salir al encuentro del sufrimiento ajeno» (*Ibíd.*, 29).

Esto se refiere a los sufrimientos físicos, pero vale todavía más si se trata de los múltiples sufrimientos morales y del alma. Por eso cuando sufre una persona en su alma, o cuando sufre el alma de una nación, ese dolor debe convocar a la solidaridad, a la justicia, a la construcción de la civilización de la verdad y del amor. Un signo elocuente de esa voluntad de amor ante el dolor y la muerte, ante la cárcel o la soledad, ante las divisiones familiares forzadas o la emigración que separa a las familias, debe ser que cada organismo social, cada institución pública, así como todas las personas que tienen responsabilidades en este campo de la salud, de la atención a los necesitados y de la reeducación de los presos, respete y haga respetar los derechos de los enfermos, los marginados, los detenidos y sus familiares, en definitiva, los derechos de todo hombre que sufre. En este sentido, la *Pastoral sanitaria* y la *penitenciaria* deben encontrar los espacios para realizar su misión al servicio de los enfermos, de los presos y de sus familias.

La indiferencia ante el sufrimiento humano, la pasividad ante las causas que provocan las penas de este mundo, los remedios coyunturales que no conducen a sanar en profundidad las heridas de las personas y de los pueblos, son faltas graves de omisión, ante las cuales todo hombre de buena voluntad debe convertirse y escuchar el grito de los que sufren.

Amados hermanos y hermanas: en los momentos duros de nuestra vida personal, familiar o social, las palabras de Jesús nos ayudan en la prueba: *«Padre mío, si es posible, que pase de mí este cáliz; sin embargo, no se haga como yo quiero, sino como quieres Tú»* (*Mt* 26, 39). El pobre que sufre encuentra en la fe la fuerza de Cristo que le dice por boca de Pablo: *«Te basta mi gracia»* (*2Co* 12, 9). No se pierde ningún sufrimiento, ningún dolor cae en saco roto: Dios los recibe todos, como acogió el sacrificio de su Hijo, Jesucristo.

Al pie de la Cruz, con los brazos abiertos y el corazón traspasado, está nuestra Madre, la Virgen María, Nuestra Señora de los Dolores y de la Esperanza, que nos recibe en su regazo maternal henchido de gracia y de piedad. Ella es camino seguro hacia Cristo, nuestra paz, nuestra vida, nuestra resurrección. María, Madre del que sufre, piedad del que muere, cálido consuelo para el desalentado: ¡mira a tus hijos cubanos que pasan por la dura prueba del dolor y muéstrales a Jesús, fruto bendito de tu vientre! Amén.

Tras el rezo del «Padre nuestro» y la bendición final, el Santo Padre quiso saludar personalmente a los leprosos y sidosos presentes en el templo y los fue bendiciendo, acariciando, a la vez que les regalaba un rosario a cada uno. Mientras tanto, unos niños emocionados, cantaban varias piezas en honor del Santo Padre. Una niña ciega, al micrófono, dijo al Vicario de Cristo: «Santo Padre, en nombre de los niños que son como yo, quiero saludarle, y, aunque no lo podamos ver, esperamos verlo en la gloria».

25 de enero. Encuentro Ecuménico con otras Confesiones Cristianas.

Homilía en La Habana; Palabras del Papa en el rezo del Ángelus; Encuentro con los Obispos; Encuentro en la Catedral Metropolitana

El último día de la estancia del papa en Cuba fue la jornada más intensa. A las ocho de la mañana, El Vicario de Cristo celebró un encuentro ecuménico en la Nunciatura. Durante el mismo, entregó a los representantes de las otras Iglesias y confesiones religiosas su mensaje.

Encuentro Ecuménico con otras Confesiones Cristianas
Nunciatura de La Habana

1. En este señalado día, me es muy grato recibirlos a Ustedes, representantes del Consejo de Iglesias de Cuba y de diversas confesiones cristianas, acompañados de algunos exponentes de la comunidad judía, que participa en el mismo Consejo como observadora. Los saludo a todos con gran afecto y les aseguro la alegría que me produce este encuentro con quienes compartimos la fe en el Dios vivo y verdadero. El ambiente propicio nos hace decir desde el principio: «Oh, qué bueno, qué dulce habitar los hermanos todos juntos» (*Sal*132,1).

He venido a este País como mensajero de la esperanza y de la verdad, para dar aliento y confirmar en la fe a los Pastores y fieles de las diversas diócesis de esta Nación (cf. *Lc* 22, 32), pero he deseado también que mi saludo llegara a todos los cubanos, como signo concreto del amor infinito de Dios para con todos los hombres. En esta visita a Cuba —como acostumbro a hacer en mis viajes apostólicos— no podía faltar este encuentro con Ustedes, para compartir los afanes por la restauración de la unidad entre todos los cristianos y estrechar la colaboración para el progreso integral del pueblo cubano teniendo en cuenta los valores espirituales y trascendentes de la fe. Esto es posible gracias a la común esperanza en las promesas de salvación que Dios nos ha hecho y manifestado en Cristo Jesús, Salvador del género humano.

2. Hoy, *fiesta de la conversión de San Pablo*, el Apóstol «alcanzado por Cristo Jesús» (*Flp* 3, 12), que dedicó desde entonces sus energías a predicar el Evangelio a todas las naciones, termina la *Semana de oración por la unidad de los cristianos*, que este año hemos celebrado bajo el lema «El Espíritu viene en ayuda de nuestra debilidad» (*Rm* 8, 26). Con esta iniciativa, que comenzó hace ya muchos años y que ha adquirido una creciente importancia, no sólo se pretende llamar la atención de todos los cristianos sobre el valor del movimiento ecuménico, sino también subrayar de manera práctica e inequívoca los pilares sobre los que han de fundarse todas sus actividades.

Esta circunstancia me ofrece la oportunidad de reafirmar, en esta tierra sellada por la fe cristiana, el irrevocable compromiso de la Iglesia de no cejar en su aspiración a la plena unidad de los discípulos de Cristo, repitiendo constantemente con Él: «Padre: que todos sean uno» (*Jn* 17, 21), y obedeciendo así a su voluntad. Esto no debe faltar en ningún rincón de la Iglesia, cualquiera que sea la situación sociológica en la que se encuentre. Es verdad que cada nación cuenta con su propia cultura e historia religiosa y que las actividades ecuménicas tienen, por eso, en los diversos lugares, características distintas y peculiares, pero por encima de todo es muy importante que las relaciones entre todos los que comparten su fe en Dios sean siempre fraternas. Ninguna contingencia histórica, ni condicionamiento ideológico o cultural deberían entorpecer esas relaciones, cuyo centro y fin ha de ser únicamente el servicio a la unidad querida por Jesucristo.

Somos conscientes de que el *retorno a una comunión plena exige amor, valentía y esperanza*, las cuales surgen de la oración perseverante, que es la fuente de todo compromiso verdaderamente inspirado por el Señor. Por medio de la oración se favorece la purificación de los corazones y la conversión interior, necesarias para reconocer la acción del Espíritu Santo como guía de las personas, de la Iglesia y de la historia, a la vez que se fomenta la concordia que transforma nuestras voluntades y las hace dóciles a sus inspiraciones. De este modo se cultiva también una fe cada vez más viva. Es el Espíritu quien ha guiado el movimiento ecuménico y al mismo Espíritu han de atribuirse los notables progresos alcanzados, superando aquellos tiempos en que las relaciones entre las comunidades estaban marcadas por una indiferencia mutua, que en algunos lugares derivaba incluso en abierta hostilidad.

3. La intensa dedicación a la causa de la unidad de todos los cristianos es uno de los signos de esperanza presentes en este final de siglo (cf. *Tertio millennio adveniente*, 46). Ello es aplicable también a los cristianos de Cuba, llamados no sólo a proseguir el diálogo con espíritu de respeto, sino a colaborar de mutuo acuerdo en proyectos comunes que ayuden a toda la población a progresar en la paz y crecer en los valores esenciales del Evangelio, que dignifican la persona humana y hacen más justa y solidaria la convivencia. Todos estamos llamados a mantener un cotidiano *diálogo de la caridad* que fructificará en el *diálogo de la verdad*, ofreciendo a la sociedad cubana la imagen auténtica de Cristo, y favoreciendo el conocimiento de su misión redentora por la salvación de todos los hombres.

4. Quiero dirigir también un saludo particular a la Comunidad judía aquí representada. Su presencia es prueba elocuente del diálogo fraterno orientado a un mejor conocimiento entre judíos y cristianos, que por parte de los católicos ha sido promovido por el Concilio Vaticano II y continúa difundiéndose cada vez más. Con Ustedes compartimos un patrimonio espiritual común, que hunde sus raíces en las Sagradas Escrituras. Que Dios, Creador y Salvador, sostenga los esfuerzos que se emprenden para caminar juntos. Que alentados por la Palabra divina progresemos en el culto y en el amor ferviente a Él, y que ello se prolongue en una acción eficaz en favor de cada hombre.

5. Para concluir, quiero agradecerles su presencia en este encuentro, a la vez que pido a Dios que bendiga a cada uno de Ustedes y a sus Comunidades; que los guarde en sus caminos para anunciar su Nombre a los hermanos; les haga ver su rostro en medio de la sociedad a la cual sirven y les conceda la paz en todas sus actividades.

La Habana, 25 de enero de 1998, Fiesta de la Conversión de San Pablo.

A continuación Su Santidad se trasladó hasta la plaza de la Revolución José Martí de La Habana, donde tuvo lugar la celebración más grandiosa y emotiva de esta peregrinación apostólica: la misa dominical, a la que asistieron más de un millón de personas, en su mayoría cubanos de la capital y de las regiones vecinas, pero también muchos católicos venidos de otros países. La plaza José Martí, se convirtió en un templo al aire libre, presidido por el crucifijo y la imagen de la Virgen de la Caridad del Cobre. Al fondo de la plaza, destacaba el gran mural, del Sagrado Corazón con las palabras: «Jesucristo, en ti confío», que cubría casi toda la fachada de la Biblioteca Nacional. El palco, sobre el que se destacaba la cruz y un gran escudo del papa Juan Pablo II, con el lema «Totus tuus», estaba adornado con flores de todo tipo y color. El papa, a su llegada, dio una vuelta por la plaza en el coche panorámico para saludar y bendecir a todos. Concelebraron 20 cardenales y más de 150 entre arzobispos y obispos, e innumerables sacerdotes, llegados de todas partes del mundo, especialmente de los países de América. Un gran coro, compuesto por 420 miembros, La «Schola cantorum Carolina», y una orquesta contribuyeron a dar gran solemnidad a la ceremonia. Después del saludo litúrgico, el cardenal Jaime Lucas Ortega, arzobispo local, dirigió al Santo Padre el discurso. La liturgia de la Palabra estuvo centrada en el tema del anuncio del mensaje de Cristo mediante el compromiso de la nueva evangelización:

Homilía en La Habana

1. «Hoy es un día consagrado a nuestro Dios: No hagan duelo ni lloren» (*Ne*, 8, 9). Con gran gozo presido la Santa Misa en esta Plaza de «José Martí», en el *domingo, día del Señor*, que debe ser dedicado al descanso, a la oración y a la convivencia familiar. La Palabra de Dios nos convoca para crecer en la fe y celebrar la *presencia del Resucitado en medio de nosotros*, que «*hemos sido bautizados en un mismo Espíritu para formar un solo cuerpo*» (*1Co* 12, 13), el Cuerpo místico de Cristo que es la Iglesia. Jesucristo une a todos los bautizados. De Él fluye el amor fraterno tanto entre los católicos cubanos como entre los que viven en cualquier otra parte, porque son «Cuerpo de Cristo y cada uno es un miembro» (*1Co* 12, 27). La Iglesia en Cuba, pues, no está sola ni aislada, sino que forma parte de la Iglesia universal extendida por el mundo entero.

2. Saludo con afecto al Cardenal Jaime Ortega, Pastor de esta Arquidiócesis, y le agradezco las amables palabras con las que, al

inicio de esta celebración, me ha presentado las realidades y las aspiraciones que marcan la vida de esta comunidad eclesial. Saludo asimismo a los Señores Cardenales aquí presentes, venidos desde distintos lugares, así como a todos mis hermanos Obispos de Cuba y de otros Países que han querido participar en esta solemne celebración. Saludo cordialmente a los sacerdotes, religiosos y religiosas, y a los fieles reunidos en tan gran número. A cada uno le aseguro mi afecto y cercanía en el Señor. Saludo deferentemente al Señor Presidente doctor Fidel Castro Ruz, que ha querido participar en esta Santa Misa.

Agradezco también la presencia de las autoridades civiles que han querido estar hoy aquí y les quedo reconocido por la cooperación prestada.

3. «*El Espíritu del Señor está sobre mí, porque Él me ha ungido. Me ha enviado para anunciar el Evangelio*» (*Lc* 4, 18). Todo ministro de Dios tiene que hacer suyas en su vida estas palabras que pronunció Jesús en Nazaret. Por eso, al estar entre Ustedes quiero darles la buena noticia de la esperanza en Dios. Como servidor del Evangelio les traigo este *mensaje de amor y solidaridad* que Jesucristo, con su venida, ofrece a los hombres de todos los tiempos. No se trata en absoluto de una ideología ni de un sistema económico o político nuevo, sino de un *camino de paz, justicia y libertad verdaderas.*

4. Los sistemas ideológicos y económicos que se han ido sucediendo en los dos últimos siglos con frecuencia han potenciado el enfrentamiento como método, ya que contenían en sus programas los gérmenes de la oposición y de la desunión. Esto condicionó profundamente su concepción del hombre y sus relaciones con los demás. Algunos de esos sistemas han pretendido también reducir la religión a la esfera meramente individual, despojándola de todo influjo o relevancia social. En este sentido, cabe recordar que *un Estado moderno no puede hacer del ateísmo o de la religión uno de*

sus ordenamientos políticos. El Estado, lejos de todo fanatismo o secularismo extremo, debe promover un sereno clima social y una legislación adecuada que permita a cada persona y a cada confesión religiosa vivir libremente su fe, expresarla en los ámbitos de la vida pública y contar con los medios y espacios suficientes para aportar a la vida nacional sus riquezas espirituales, morales y cívicas.

Por otro lado, resurge en varios lugares una forma de *neoliberalismo capitalista* que subordina la persona humana y condiciona el desarrollo de los pueblos a las *fuerzas ciegas del mercado*, gravando desde sus centros de poder a los países menos favorecidos con cargas insoportables. Así, en ocasiones, se imponen a las naciones, como condiciones para recibir nuevas ayudas, *programas económicos insostenibles.* De este modo se asiste en el concierto de las naciones al *enriquecimiento exagerado de unos pocos a costa del empobrecimiento creciente de muchos*, de forma que los ricos son cada vez más ricos y los pobres cada vez más pobres.

5. Queridos hermanos: *la Iglesia es maestra en humanidad.* Por eso, frente a estos sistemas, presenta *la cultura del amor y de la vida*, devolviendo a la humanidad la esperanza en el poder transformador del amor vivido en la unidad querida por Cristo. Para ello hay que recorrer un *camino de reconciliación, de diálogo y de acogida fraterna* del prójimo, de todo prójimo. A Esto se le puede decir: el Evangelio social de la Iglesia.

La Iglesia, al llevar a cabo su misión, *propone al mundo una justicia nueva*, la justicia del Reino de Dios (cf. *Mt* 6, 33). En diversas ocasiones me he referido a los temas sociales. Es preciso continuar hablando de ello mientras en el mundo haya una injusticia, por pequeña que sea, pues de lo contrario la Iglesia no sería fiel a la misión confiada por Jesucristo. *Está en juego el hombre*, la persona concreta. Aunque los tiempos y las circunstancias cambien, siempre hay quienes necesitan de la voz de la Iglesia para que sean reconocidas sus angustias, sus dolores y sus miserias. Los que se encuentren en estas circunstancias pueden estar seguros de que no quedarán defraudados, pues la Iglesia está con ellos y el Papa abraza con el corazón y con su palabra de aliento a todo aquel que sufre la injusticia.

(Juan Pablo II tras la extensa ovación recibida, bromeó)
«Yo no soy contrario a los aplausos porque cuando aplauden el Papa puede reposar un poco».

Las enseñanzas de Jesús conservan íntegro su vigor a las puertas del año 2000. Son válidas para todos Ustedes, mis queridos hermanos. En la búsqueda de la justicia del Reino no podemos detenernos ante dificultades e incomprensiones. Si la invitación del Maestro a la justicia, al servicio y al amor es acogida como Buena Nueva, entonces el corazón se ensancha, se transforman los criterios y nace la cultura del amor y de la vida. Este es el gran cambio que la sociedad necesita y espera, y sólo podrá alcanzarse si primero no se produce la conversión del corazón de cada uno, como condición para los necesarios cambios en las estructuras de la sociedad.

6. «*El Espíritu del Señor me ha enviado para anunciar a los cautivos la libertad... para dar libertad a los oprimidos*» (Lc 4, 18). La buena noticia de Jesús va acompañada de un anuncio de libertad, apoyada sobre el sólido fundamento de la verdad: «Si se mantienen en mi Palabra, serán verdaderamente mis discípulos, y conocerán la verdad y la verdad los hará libres» (Jn 8, 31-32). La verdad a la que se refiere Jesús no es sólo la comprensión intelectual de la realidad, sino la *verdad sobre el hombre* y su condición trascendente, sobre *sus derechos y deberes, sobre su grandeza y sus límites.* Es la misma verdad que Jesús proclamó con su vida,

reafirmó ante Pilato y, con su silencio, ante Herodes; es la misma que lo llevó a la cruz salvadora y a su resurrección gloriosa.

La libertad que no se funda en la verdad condiciona de tal forma al hombre que algunas veces lo hace objeto y no sujeto de su entorno social, cultural, económico y político, dejándolo casi sin ninguna iniciativa para su desarrollo personal. Otras veces esa libertad es de talante individualista y, al no tener en cuenta la libertad de los demás, encierra al hombre en su egoísmo. *La conquista de la libertad en la responsabilidad es una tarea imprescindible para toda persona.* Para los cristianos, *la libertad de los hijos de Dios* no es solamente un don y una tarea, sino que alcanzarla supone un inapreciable testimonio y un genuino aporte en el camino de la liberación de todo el género humano. *Esta liberación no se reduce a los aspectos sociales y políticos*, sino que encuentra su plenitud en el ejercicio de la *libertad de conciencia, base y fundamento de los otros derechos humanos.*

(Al pueblo que clamaba: «El Papa, libre, nos quiere a todos libres», Juan Pablo II contestó:)

Sí, libres con esa libertad para la que Cristo los ha liberado.

Para muchos de los sistemas políticos y económicos hoy vigentes el mayor desafío sigue siendo el *conjugar libertad y justicia social, libertad y solidaridad*, sin que ninguna quede relegada a un plano inferior. En este sentido, la *Doctrina Social de la Iglesia* es un esfuerzo de reflexión y propuesta que trata de iluminar y conciliar las relaciones entre los derechos inalienables de cada hombre y las exigencias sociales, de modo que la persona alcance sus aspiraciones más profundas y su realización integral, según su condición de hijo de Dios y de ciudadano. Por lo cual, *el laicado católico* debe contribuir a esta realización mediante la *aplicación de las enseñanzas sociales de la Iglesia en los diversos ambientes*, abiertos a todos los hombres de buena voluntad.

7. En el evangelio proclamado hoy aparece la justicia íntimamente ligada a la verdad. Así se ve también en el *pensamiento lúcido de los padres de la Patria*. El Siervo de Dios *Padre Félix Varela*, animado por su fe cristiana y su fidelidad al ministerio sacerdotal, sembró en el corazón del pueblo cubano las *semillas de la justicia y la libertad* que él soñaba ver florecer en una Cuba libre e independiente.

La doctrina de José Martí sobre el amor entre todos los hombres tiene raíces hondamente evangélicas, superando así el falso conflicto entre la fe en Dios y el amor y servicio a la Patria. Escribe este prócer: «Pura, desinteresada, perseguida, martirizada, poética y sencilla, la religión del Nazareno sedujo a todos los hombres honrados... *Todo pueblo necesita ser religioso.* No sólo lo es esencialmente, sino que por su propia utilidad debe serlo... Un pueblo irreligioso morirá, porque nada en él alimenta la virtud. Las injusticias humanas disgustan de ella; es necesario que la justicia celeste la garantice».

Como saben, *Cuba tiene un alma cristiana* y eso la ha llevado a tener *una vocación universal*. Llamada a vencer el aislamiento, ha de abrirse al mundo y el mundo debe acercarse a Cuba, a su pueblo, a sus hijos, que son sin duda su mayor riqueza. ¡*Esta es la hora de emprender los nuevos caminos* que exigen los tiempos de renovación que vivimos, al acercarse el Tercer milenio de la era cristiana!

8. Queridos hermanos: *Dios ha bendecido a este pueblo con verdaderos formadores de la conciencia nacional,* claros y firmes exponentes de la fe cristiana, como el más valioso sostén de la virtud y del amor. Hoy los Obispos, con los sacerdotes, religiosos, religiosas y fieles laicos, se esfuerzan en tender puentes para acercar las mentes y los corazones, propiciando y consolidando la paz, *preparando la civilización del amor y de la justicia.* Estoy en medio de Ustedes como *mensajero de la verdad y la esperanza.* Por eso

quiero repetir mi llamado a *dejarse iluminar por Jesucristo*, a *aceptar sin reservas el esplendor de su verdad*, para que todos puedan *emprender el camino de la unidad por medio del amor y la solidaridad*, evitando la exclusión, el aislamiento y el enfrentamiento, que son contrarios a la voluntad del Dios-Amor.

Que el Espíritu Santo ilumine con sus dones a quienes tienen diversas responsabilidades sobre este pueblo, que llevo en el corazón. Y que la Virgen de la Caridad del Cobre, Reina de Cuba, obtenga para sus hijos los dones de la paz, del progreso y de la felicidad.

Este viento de hoy es muy significativo porque el viento simboliza el Espíritu Santo. «Spiritus spirat ubi vult, Spiritus vult spirare in Cuba». Han entendido las últimas palabras en lengua latina porque Cuba es también de la tradición latina: ¡América Latina, Cuba latina, lengua latina! «Spiritus spirat ubi vult et vult Cubam». Adiós.

Esta homilía fue continuamente interrumpida por los aplausos y aclamaciones de la asamblea.

Juan Pablo II, en una ocasión, comentó en voz alta: «ustedes son un auditorio muy activo». Algunos de los estribillos que los cubanos gritaban, además de los clásicos, como: «Juan Pablo II, te quiere todo el mundo», «Juan Pablo, amigo, Cuba está contigo» o «Juan Pablo, hermano, ya tú eres un cubano», o «El papa libre, nos quiere a todos libres», «Cuba católica siempre fue», «Lo sé, lo he visto, con el papa viene Cristo»,

Terminada la homilía, Juan Pablo II bendijo a la asamblea con el libro de los Evangelios y entregó un ejemplar de la Sagrada Escritura a veinte fieles de las diócesis de Pinar del Río, Matanzas y La Habana.

Palabras del papa en el rezo del Ángelus
Plaza José Martí, La Habana
Domingo, 25 de enero de 1998

Queridos hermanos y hermanas:

Después de haber celebrado la Santa Misa en esta plaza, testigo de los grandes acontecimientos de la historia cubana y de la vida cotidiana de las gentes de esta hermosa ciudad de La Habana, que ha merecido el nombre de *Llave del Nuevo Mundo*, dirijo a todos mi más cordial y afectuoso saludo, cuando nos disponemos a rezar el *Ángelus*, la plegaria en honor de Nuestra Señora.

Hoy se concluye la *Semana de oración por la unidad de los cristianos*. El deseo de *alcanzar la plena comunión entre todos los creyentes en Cristo* acompaña constantemente el camino de la Iglesia y se hace aún más urgente en este año dedicado al Espíritu Santo como preparación al Gran Jubileo del 2000. *La concordia y la unidad*, objeto de la esperanza de la Iglesia y también de la humanidad, están aún lejanas; sin embargo, constituyen un *don del Espíritu Santo que hay que pedir incansablemente*.

La Virgen de la Caridad del Cobre, Reina y Patrona de Cuba, acompaña a cada uno de sus hijos de esta tierra con su presencia materna. A Ella, que ha visitado todas las diócesis y parroquias, le confío los anhelos y esperanzas de este noble pueblo, y le ruego que anime y proteja los trabajos de la *nueva evangelización* en esta Isla, para que los cristianos vivan su fe con coherencia y fervor, y la recobren quienes la han perdido. ¡Que Cuba viva en paz y prosperidad!

¡Virgen María, *Madre de los hombres y de los pueblos*! Antes de regresar a Roma, junto al sepulcro de San Pedro, te encomiendo de nuevo a tus hijos e hijas de Cuba. Marcho confiado, sabiendo que quedan en tu regazo maternal. Te pido que les muestres siempre a «Jesús, fruto bendito de tu vientre». Míralos constantemente con tus ojos misericordiosos y, por tu intercesión ante el divino Redentor, líbralos de sus sufrimientos, presérvalos de todo mal y llénalos de tu amor.

Seguidamente, toda la asamblea, como en las celebraciones anteriores de la visita, proclamó con gran entusiasmo su profesión de fe. Presentaron las ofrendas fieles de las diócesis de Pinar del Río, Matanzas y La Habana: el pan, el vino y otros dones representativos de dichas diócesis, entre ellos un cuadro de San Cristóbal; dos niños y una niña, ofrecieron al papa un cesto de flores.

Desde la plaza, Juan Pablo II se trasladó al Arzobispado, donde se reunió con los miembros del episcopado cubano y del séquito papal. Al comienzo del encuentro, el presidente de la Conferencia, el cardenal Ortega, pronunció unas palabras. Por su parte, el Romano Pontífice les entregó el siguiente mensaje:

Encuentro con los Obispos
Arzobispado de La Habana
Domingo, 25 de enero de 1998

Queridos Hermanos en el episcopado:
   Siento una gran alegría al poder estar con ustedes, obispos de la Iglesia católica en Cuba, en estos momentos de serena reflexión y encuentro fraterno, compartiendo los gozos y esperanzas, los anhelos y aspiraciones de esta porción del Pueblo de Dios que peregrina en estas tierras. He podido visitar cuatro de las diócesis del País, aunque de corazón he estado en todas ellas. En estos días he comprobado la vitalidad de las comunidades eclesiales, su capacidad de convocatoria, fruto también de la credibilidad que ha alcanzado la Iglesia con su testimonio perseverante y su palabra

oportuna. Las limitaciones de años pasados la empobrecieron en medios y agentes de pastoral, pero esas mismas pruebas la han enriquecido, impulsándola a la creatividad y al sacrificio en el desempeño de su servicio.

Doy gracias a Dios porque *la cruz ha sido fecunda en esta tierra*, pues de la Cruz de Cristo brota la esperanza que no defrauda, sino que da fruto abundante. Durante mucho tiempo la fe en Cuba ha estado sometida a diversas pruebas, que han sido sobrellevadas con ánimo firme y solícita caridad, sabiendo que con esfuerzo y entrega se recorre el camino de la cruz, siguiendo las huellas de Cristo, que nunca olvida a su pueblo. En esta hora de la historia nos alegramos, no porque la cosecha esté concluida, sino porque, alzando los ojos, *podemos contemplar los frutos de evangelización que crecen en Cuba*.

Hace poco más de cinco siglos la Cruz de Cristo fue plantada en estas bellas y fecundas tierras, de modo que su luz, que brilla en medio de las tinieblas, hizo posible que la fe católica y apostólica arraigara en ellas. En efecto, esta fe forma realmente parte de la identidad y cultura cubanas. Ello impulsa a muchos ciudadanos a *reconocer a la Iglesia como a su Madre*, la cual, desde su misión espiritual y mediante el mensaje evangélico y su doctrina social, *promueve el desarrollo integral de las personas y la convivencia humana*, basada en los principios éticos y en los auténticos valores morales. Las circunstancias para la acción de la Iglesia han ido cambiando progresivamente, y esto inspira esperanza creciente para el futuro. Hay, sin embargo, *algunas concepciones reduccionistas*, que intentan situar a la Iglesia católica al mismo nivel de ciertas manifestaciones culturales de religiosidad, al modo de los cultos sincréticos que, aunque merecedores de respeto, no pueden ser considerados como una religión propiamente dicha, sino como un conjunto de tradiciones y creencias.

Muchas son las expectativas y *grande es la confianza que el pueblo cubano ha depositado en la Iglesia*, como he podido comprobar durante estos días. Es verdad que algunas de estas expectativas sobrepasan la misión misma de la Iglesia, pero es también cierto que todas deben ser escuchadas, en la medida de lo posible, por la comunidad eclesial. ustedes, queridos Hermanos, permaneciendo al lado de todos, son testigos privilegiados de esa esperanza del pueblo, muchos de cuyos miembros creen verdaderamente en Cristo, Hijo de Dios, y creen en su Iglesia, que ha permanecido fiel aun en medio de no pocas dificultades.

Como Pastores sé cuánto les preocupa que la Iglesia en Cuba se vea cada vez más desbordada y apremiada por quienes, en número creciente, solicitan sus más variados servicios. Sé que ustedes no pueden dejar de responder a esos apremios ni dejar de buscar los medios que les permitan hacerlo con eficacia y solícita caridad. Ello no los mueve a exigir para la Iglesia una posición hegemónica o excluyente, sino a reclamar el lugar que por derecho le corresponde en el entramado social donde se desarrolla la vida del pueblo, contando con *los espacios necesarios y suficientes para servir a sus hermanos*. Busquen estos espacios de forma insistente, no con el fin de alcanzar un poder —lo cual es ajeno a su misión—, sino para acrecentar su capacidad de servicio. Y en este empeño, con espíritu ecuménico, procuren la sana cooperación de las demás confesiones cristianas, y mantengan, tratando de incrementar su extensión y profundidad, un diálogo franco con las instituciones del Estado y las organizaciones autónomas de la sociedad civil.

La Iglesia recibió de su divino Fundador la misión de conducir a los hombres a dar culto al Dios vivo y verdadero, cantando sus alabanzas y proclamando sus maravillas, confesando que hay «*un solo Señor, una sola fe, un solo bautismo, un solo Dios y Padre de todos*» (*Ef* 4, 5). Pero el sacrificio agradable a Dios es —como dice el profeta *Isaías*— «*abrir las prisiones injustas, hacer saltar los* cerrojos de los cepos, dejar libres a los oprimidos... partir tu pan con el hambriento, hospedar a los pobres sin techo, vestir al que ves desnudo... Entonces nacerá una luz como la aurora y tus heridas sanarán rápidamente; delante de ti te abrirá camino la justicia y detrás irá la gloria de Dios» (58, 7-8). En efecto, la misión *cultual, profética* y *caritativa* de la Iglesia están estrechamente unidas, pues la palabra profética en defensa del oprimido y el servicio caritativo dan autenticidad y coherencia al culto.

El respeto de la libertad religiosa debe garantizar los espacios, obras y medios para llevar a cabo estas tres dimensiones de la misión de la Iglesia, de modo que, además del culto, la Iglesia pueda dedicarse al anuncio del Evangelio, a la defensa de la justicia y de la paz, al mismo tiempo que promueve el desarrollo integral de las personas. Ninguna de estas dimensiones debe verse restringida, pues ninguna es excluyente de las demás ni debe ser privilegiada a costa de las otras.

Cuando la Iglesia reclama la *libertad religiosa* no solicita una dádiva, un privilegio, una licencia que depende de situaciones contingentes, de estrategias políticas o de la voluntad de las autoridades, sino que está pidiendo el *reconocimiento efectivo de un derecho inalienable.* Este derecho no puede estar condicionado por el comportamiento de Pastores y fieles, ni por la renuncia al ejercicio de alguna de las dimensiones de su misión, ni menos aún, por razones ideológicas o económicas: no se trata solo de un derecho de la Iglesia como institución, *se trata además de un derecho de cada persona y de cada pueblo.* Todos los hombres y todos los pueblos se verán enriquecidos en su dimensión espiritual en la medida en que la libertad religiosa sea reconocida y practicada.

Además, como ya tuve ocasión de afirmar: «La libertad religiosa es un factor importante para reforzar la cohesión moral de un pueblo. La sociedad civil puede contar con los creyentes que, por sus profundas convicciones, no solo no se dejarán dominar fácilmente por ideologías o corrientes totalizadoras, sino que se esforzarán por actuar de acuerdo con sus aspiraciones hacia todo lo que es verdadero y justo» (*Mensaje para la Jornada Mundial de la Paz 1988*, 3).

Por eso, queridos Hermanos, pongan todo su empeño en promover cuanto pueda favorecer la dignidad y el progresivo perfeccionamiento del ser humano, que es el primer camino que la Iglesia debe recorrer en el cumplimiento de su misión (cf. *Redemptor hominis*, 14). ustedes, queridos obispos de Cuba, han predicado la *verdad sobre el hombre*, que pertenece al núcleo fundamental de la fe cristiana y está indisolublemente unida a la *verdad sobre Cristo y sobre la Iglesia*. De muchas maneras han sabido dar un testimonio coherente de Cristo. Cada vez que han sostenido que la dignidad del hombre está por encima de toda estructura social, económica o política, han anunciado una verdad moral que eleva al hombre y lo conduce, por los inescrutables caminos de Dios, al encuentro con Jesucristo Salvador. Es al hombre a quien debemos servir con libertad en nombre de Cristo, sin que este servicio se vea obstaculizado por las coyunturas históricas o incluso, en ciertas ocasiones, por la arbitrariedad o el desorden.

Cuando se invierte la escala de valores y la política, la economía y toda la acción social, en vez de ponerse al servicio de la persona, la consideran como un medio en lugar de respetarla como centro y fin de todo quehacer, se causa un daño en su existencia y en su dimensión trascendente. El ser humano pasa a ser entonces un simple consumidor, con un sentido de la libertad muy individualista y reductivo, o un simple productor con muy poco espacio para sus libertades civiles y políticas. Ninguno de estos modelos sociopolíticos favorece un clima de apertura a la trascendencia de la persona que busca libremente a Dios.

Los animo, pues, a continuar en su servicio de *defensa y promoción de la dignidad humana*, predicando con perseverante empeño que «realmente, el misterio del hombre solo se esclarece en el misterio del Verbo encarnado. Pues… Cristo, el nuevo Adán, en la misma revelación del misterio del Padre y de su amor, manifiesta plenamente el hombre al propio hombre y le descubre la grandeza de su vocación» (*Gaudium et spes*, 22). Esto forma parte de la misión de la Iglesia, que «no puede permanecer insensible a todo lo que sirve al verdadero bien del hombre, como tampoco puede permanecer indiferente a lo que lo amenaza» (*Redemptor hominis*, 14).

Conozco bien su sensibilidad de Pastores, que los impulsa a afrontar con caridad pastoral *las situaciones en las que se ve amenazada la vida humana y su dignidad*. Luchen siempre por crear entre sus fieles y en todo el pueblo cubano el *aprecio por la vida desde el seno materno*, que excluye siempre el recurso al aborto, acto criminal. Trabajen por la *promoción y defensa de la familia*, proclamando la santidad e indisolubilidad del matrimonio cristiano frente a los males del divorcio y la separación, que son fuente de tantos sufrimientos. Sostengan con caridad pastoral a *los jóvenes*, que anhelan mejores condiciones para desarrollar su proyecto de vida personal y social basado en los auténticos valores. A este sector de la población hay que cuidarlo con esmero, facilitándole una adecuada formación catequética, moral y cívica que complete en los jóvenes el necesario «suplemento del alma» que les permita remediar la pérdida de valores y de sentido en sus vidas con una sólida educación humana y cristiana.

Con los *sacerdotes* —sus primeros y predilectos colaboradores— y los *religiosos* y *religiosas* que trabajan en Cuba, sigan desarrollando la misión de llevar la Buena Nueva de Jesucristo a los que experimentan sed de amor, de verdad y de justicia. A los *seminaristas* acójanlos con confianza, ayudándolos a adquirir una sólida formación intelectual, humana y espiritual, que les permita configurarse con Cristo, Buen Pastor, y a amar a la Iglesia y al pueblo, al que deberán servir como ministros con generosidad y entusiasmo el día de mañana; que sean ellos los primeros en beneficiarse de este espíritu misionero.

Animen a los *fieles laicos a vivir su vocación con valentía y perseverancia*, estando presentes en todos los sectores de la vida social, dando testimonio de la verdad sobre Cristo y sobre el hombre; buscando, en unión con las demás personas de buena voluntad, soluciones a los diversos problemas morales, sociales, políticos, económicos, culturales y espirituales que debe afrontar la sociedad; participando con eficacia y humildad en los esfuerzos para superar las situaciones a veces críticas que conciernen a todos, a fin de que la nación alcance condiciones de vida cada vez más humanas. *Los fieles católicos*, al igual que los demás ciudadanos, *tienen el deber y el derecho de contribuir al progreso del País*. El diálogo cívico y la participación responsable pueden abrir nuevos cauces a la acción del laicado y es de desear que los laicos comprometidos continúen preparándose con el estudio y la aplicación de la Doctrina Social de la Iglesia para iluminar con ella todos los ambientes.

Sé que su atención pastoral no ha descuidado a quienes, por diversas circunstancias, han salido de la Patria, pero se sienten *hijos de Cuba*. En la medida en que se consideran cubanos, estos deben colaborar también, con serenidad y espíritu constructivo y respetuoso, al progreso de la nación, evitando confrontaciones inútiles y fomentando un clima de positivo diálogo y recíproco entendimiento. Ayúdenles, desde la predicación de los altos valores del espíritu, con la colaboración de otros Episcopados, a ser promotores de paz y concordia, de reconciliación y esperanza, a hacer efectiva la solidaridad generosa con sus hermanos cubanos más necesitados, demostrando también así una profunda vinculación con su tierra de origen.

Espero que en su acción pastoral los Obispos católicos de Cuba lleguen a alcanzar un acceso progresivo a los medios modernos adecuados para llevar a cabo su misión evangelizadora y educadora. Un Estado laico no debe temer, sino más bien apreciar, el aporte moral y formativo de la Iglesia. En este contexto es normal que la Iglesia tenga acceso a los medios de comunicación social: radio, prensa y televisión, y que pueda contar con sus propios recursos en estos campos para realizar el anuncio del Dios vivo y verdadero a todos los hombres. En esta labor evangelizadora deben ser consolidadas y enriquecidas las publicaciones católicas que puedan servir más eficazmente al anuncio de la verdad, no solo a los hijos de la Iglesia sino también a todo el pueblo cubano.

Mi visita pastoral tiene lugar en un momento muy especial para la vida de toda la Iglesia, como es la *preparación al Gran Jubileo del Año 2000*. Como Pastores de esta porción del Pueblo de Dios que peregrina en Cuba, ustedes participan de este espíritu y mediante el *Plan de Pastoral Global* alientan a todas las comunidades a vivir «la nueva primavera de vida cristiana que deberá manifestar el Gran Jubileo, si los cristianos son dóciles a la acción del Espíritu Santo» (*Tertio millennio adveniente*, 18). Que este mismo *Plan* dé continuidad a los contenidos de mi visita y a la experiencia de Iglesia encarnada, participativa y profética que quiere ponerse al servicio de la promoción integral del hombre cubano. Esto requiere una adecuada formación que —como ustedes han augurado— «restaure al hombre como persona en sus valores humanos, éticos, cívicos y religiosos y lo capacite para realizar su misión en la Iglesia y en la sociedad» (II ENEC, *Memoria*, p. 38), para lo cual es necesaria «la creación y renovación de las diócesis, parroquias y pequeñas comunidades que propicien la participación y corresponsabilidad y vivan, en la solidaridad y el servicio, su misión evangelizadora» (*Ibíd.*).

Queridos Hermanos, al final de estas reflexiones quiero asegurarles que regreso a Roma con *mucha esperanza en el futuro*, viendo la vitalidad de esta Iglesia local. Soy consciente de la magnitud de los desafíos que tienen por delante, pero también del buen espíritu que les anima y de su capacidad para afrontarlos. Confiado en ello, les aliento a seguir siendo *«ministros de la reconciliación»* (*2Co* 5, 18), para que el pueblo que les ha sido encomendado, superando las dificultades del pasado, avance por los caminos de la reconciliación entre todos los cubanos sin excepción. ustedes saben bien que el perdón no es incompatible con la justicia y que el futuro del País se debe construir en la paz, que es fruto de la misma justicia y del perdón ofrecido y recibido.

Prosigan como *«mensajeros que anuncian la paz»* (*Is* 52, 7) para que se consolide una convivencia justa y digna, en la que todos encuentren un clima de tolerancia y respeto recíproco. Como colaboradores del Señor, ustedes son el campo de Dios, la edificación de Dios (cf. *1Co* 3, 9) para que los fieles encuentren en ustedes auténticos maestros de la verdad y guías solícitos de su pueblo, empeñados en alcanzar su bien material, moral y espiritual, teniendo en cuenta la exhortación del Apóstol San Pablo: *«¡Mire cada cual cómo construye! Pues nadie puede poner otro cimiento que el ya puesto, Jesucristo»* (*1Co* 3, 10-11).

Con la mirada fija, pues, en nuestro Salvador, que *«es el mismo ayer, hoy y siempre»* (*Hb* 13, 8), y poniendo todos los anhelos y esperanzas en la Madre de Cristo y de la Iglesia, aquí venerada con el dulcísimo título de Nuestra Señora de la Caridad del Cobre, como prueba de afecto y signo de la gracia que les acompaña en su ministerio, les imparto de corazón la Bendición Apostólica.

A las cuatro y media de la tarde, Juan Pablo II se dirigió a la Catedral de La Habana. Allí se dirigió con los sacerdotes, los religiosos, las religiosas, los seminaristas y los laicos cubanos comprometidos en el trabajo pastoral. Apenas bajó del coche panorámico, el Santo Padre quiso saludar personalmente a muchas de las personas que se habían dado cita para aclamarlo en la plaza frente a la Catedral. El papa acudió hasta las vallas, estrechó las manos a todos los que le fue posible y los bendijo con amor. Ya en el templo, mientras el coro cantaba el «Tu es Petrus», Su Santidad fue avanzando lentamente por el pasillo, saludando y dando la mano a lodos los que lo bordeaban. Después de atravesar la nave central, se recogió unos minutos en oración en la capilla del Santísimo Sacramento, situada a la izquierda del altar. Al comienzo del acto, que revistió la forma de celebración de la Palabra, habló nuevamente el cardenal de La Habana. Después de la oración y la proclamación del Evangelio, el Peregrino apostólico pronunció su mensaje.

Encuentro en la Catedral Metropolitana
Catedral de La Habana
Domingo, 25 de enero de 1998

Amados Hermanos en el episcopado y en el sacerdocio amadísimos religiosos y religiosas, seminaristas y fieles:

Cuando faltan pocas horas para concluir esta Visita pastoral, me llena de alegría tener este encuentro con todos ustedes, que representan a quienes, con gozo y esperanza, con cruces y sacrificios, tienen la apasionante tarea de la evangelización en esta tierra, caracterizada por una historia tan singular.

Agradezco las amables palabras que me ha dirigido el Señor cardenal Jaime Lucas Ortega y Alamino, arzobispo de La Habana, haciéndose portavoz de los sentimientos de afecto y estima que nutren ustedes hacia el Sucesor del Apóstol Pedro, y quiero corresponder a ello renovándoles mi gran aprecio en el Señor, que extiendo a todos los hijos e hijas de esta Isla.

Nos congregamos en esta Catedral Metropolitana, dedicada a la Inmaculada Concepción, en el día en que la liturgia celebra la Conversión de San Pablo, quien, camino de Damasco, recibió la visita del Señor Resucitado y se convirtió de perseguidor de los cristianos en intrépido e infatigable apóstol de Jesucristo. Su ejemplo luminoso y sus enseñanzas deben servirles como guía para afrontar y vencer cada día los múltiples obstáculos en el desempeño de su misión, a fin de que no se debiliten las energías ni el entusiasmo por la extensión del Reino de Dios.

En la historia nacional son numerosos los pastores que, desde la inquebrantable fidelidad a Cristo y a su Iglesia, han acompañado al pueblo en todas las vicisitudes. El testimonio de su entrega generosa, sus palabras en el anuncio del Evangelio y la defensa de la dignidad y los derechos inalienables de las personas, así como la promoción del bien integral de la nación, son un precioso patrimonio espiritual digno de ser conservado y enriquecido. Entre ellos, me he referido en estos días al *Siervo de Dios Padre Félix Varela*, fiel a su sacerdocio y *activo promotor del bien común* de todo el pueblo cubano. Recuerdo también al *Siervo de Dios José Olallo*, de la Orden Hospitalaria de San Juan de Dios, *testigo de la misericordia*, cuya vida ejemplar en el servicio a los más necesitados es un *fecundo ejemplo de vida consagrada al Señor*. Esperamos que sus procesos de canonización se concluyan pronto y puedan ser invocados por los fieles. Otros muchos cubanos, hombres y mujeres, han dado asimismo muestras de fe, de perseverancia en su misión, de consagración a la causa del Evangelio desde su condición sacerdotal, religiosa o laical.

Queridos sacerdotes: el Señor bendice abundantemente su entrega diaria al servicio de la Iglesia y del pueblo, incluso cuando surgen obstáculos y sinsabores. Por eso, aprecio y agradezco su correspondencia a la gracia divina, que les llamó a ser pescadores de hombres (cf. *Mc* 1, 17), sin dejarse vencer por el cansancio o el desánimo producidos por el vasto campo de trabajo apostólico, debido al *reducido número de sacerdotes* y a las *muchas necesidades pastorales* de los fieles que abren su corazón al Evangelio, como se ha visto en la reciente misión preparatoria de mi Visita.

No pierdan la esperanza ante la falta de medios materiales para la misión, ni por la escasez de recursos, que hace sufrir a gran parte de este pueblo. Prosigan *acogiendo la invitación del Señor a trabajar por el Reino de Dios y su justicia*, que lo demás vendrá por añadidura (cf. *Lc* 12, 31). En cuanto depende de ustedes, en estrecha unión con sus obispos y como expresión de la viva comunión eclesial que ha caracterizado a esta Iglesia, continúen iluminando las conciencias en el desarrollo de los valores humanos, éticos y religiosos, cuya ausencia afecta a amplios sectores de la sociedad, especialmente a los jóvenes, que por eso son más vulnerables.

Los esperanzadores datos sobre el aumento de vocaciones sacerdotales y el ingreso en el País de nuevos misioneros, que deseamos ardientemente que se facilite, harán que la labor apostólica pueda ser más capilar, con el consiguiente beneficio para todos.

Conscientes de que «*el auxilio nos viene del Señor*» (*Sal* 120, 2), de que solo Él es nuestro sostén y ayuda, los aliento a *no dejar nunca la oración personal diaria y prolongada*, configurándose cada vez más con Cristo, Buen Pastor, pues en Él se encuentran la fuerza principal y el verdadero descanso (cf. *Mt* 11, 30). Así podrán afrontar con alegría el peso del «*día y del calor*» (cf. *Mt* 20, 12), y ofrecer el mejor testimonio para la promoción de las vocaciones sacerdotales y religiosas, que son tan necesarias.

El ministerio sacerdotal, además de la predicación de la Palabra de Dios y la celebración de los Sacramentos, que constituyen su misión profética y cultual, *se extiende asimismo al servicio caritativo, de asistencia y promoción humana.* Para ello cuenta también con el ministerio de los diáconos y la ayuda de los miembros de diversos institutos religiosos y asociaciones eclesiales. Quiera el Señor que puedan siempre recibir y distribuir con facilidad los recursos que tantas Iglesias hermanas desean compartir con ustedes, así como encontrar los modos más apropiados para aliviar las necesidades de los hermanos, y que esta labor sea cada vez más comprendida y valorada.

Agradezco la presencia en esta tierra de personas consagradas de diversos Institutos. Desde hace varias décadas han tenido que vivir la propia vocación en situaciones muy particulares y, sin renunciar a lo específico de su carisma, han debido adaptarse a las circunstancias reinantes y responder a las necesidades pastorales de las diócesis. Les estoy agradecido también por el meritorio y reconocido trabajo pastoral y por el servicio prestado a Cristo en los pobres, los enfermos y los ancianos. Es de desear que en un futuro no lejano la Iglesia pueda asumir su papel en la enseñanza, tarea que los Institutos religiosos llevan a cabo en muchas partes del mundo con tanto empeño y con gran beneficio también para la sociedad civil.

De todos ustedes la Iglesia espera *el testimonio de una existencia transfigurada por la profesión de los consejos evangélicos* (cf. *Vita consecrata*, 20), siendo testigos del amor a través de *la castidad que agranda el corazón, de la pobreza que elimina las barreras y de la obediencia que construye comunión* en la comunidad, en la Iglesia y en el mundo.

La fe del pueblo cubano, al que ustedes sirven, ha sido fuente y savia de la cultura de esta nación. Como consagrados, busquen y *promuevan un genuino proceso de inculturación de la fe* que facilite a todos el anuncio, acogida y vivencia del Evangelio.

Queridos seminaristas, novicios y *novicias*: anhelen una sólida formación humana y cristiana, en la que *la vida espiritual ocupe un lugar preferencial.* Así se prepararán mejor para desempeñar el apostolado que más adelante se les confíe. Miren con esperanza el futuro en el que tendrán especiales responsabilidades. Para ello, afiancen la fidelidad a Cristo y a su Evangelio, el amor a la Iglesia, la dedicación a su pueblo.

Los dos Seminarios, que ya van siendo insuficientes en su capacidad, han contribuido notablemente a la conciencia de la nacionalidad cubana. Que en esos insignes claustros se continúe fomentando la fecunda síntesis entre piedad y virtud, entre fe y cultura, entre amor a Cristo y a su Iglesia y amor al pueblo.

A *los laicos* aquí presentes, que representan a tantos otros, *les agradezco su fidelidad cotidiana por mantener la llama de la fe en el seno de sus familias*, venciendo así los obstáculos y trabajando con valor para encarnar el espíritu evangélico en la sociedad. Los invito a *alimentar la fe mediante una formación continua*, bíblica y catequética, lo cual los ayudará a perseverar en el testimonio de Cristo, perdonando las ofensas, ejerciendo el derecho a servir al pueblo desde su condición de creyentes católicos en todos los ámbitos ya abiertos, y esforzándose por lograr el acceso a los que todavía están cerrados. La tarea de un laicado católico comprometido es precisamente abrir los ambientes de la cultura, la economía, la política y los medios de comunicación social para transmitir, a través de los mismos, la verdad y la esperanza sobre Cristo y el hombre. En este sentido, es de desear que las publicaciones católicas y otras iniciativas puedan disponer de los medios necesarios para servir mejor a toda la sociedad cubana. Los animo a proseguir en este camino, que es expresión de la vitalidad de los fieles y de su genuina vocación cristiana al servicio de la verdad y de Cuba.

Queridos hermanos: *el pueblo cubano los necesita porque necesita a Dios*, que es la razón fundamental de sus vidas. Formando parte de este pueblo, manifiéstenle que solo Cristo es el Camino, la Verdad y la Vida, que solo Él tiene palabras de vida eterna (cf. *Jn* 6, 68-69). El papa está cerca de ustedes, los acompaña con su oración y su afecto, y los encomienda a la protección maternal de la Santísima Virgen de la Caridad del Cobre, Madre de todos los cubanos. A Ella, Estrella de la nueva Evangelización, le confío el trabajo de todos ustedes y el bienestar de esta querida nación.

Terminamos esta visita el día 25 de enero, que es la fiesta de la conversión de San Pablo. La última Eucaristía, celebrada en la Plaza de la Revolución, es muy significativa, porque la conversión de Pablo es la más profunda, continua y más santa revolución de todos los tiempos.

Siguió la oración universal y el Padrenuestro. La celebración se concluyó con la bendición apostólica.

Desde la catedral, el papa se trasladó directamente al aeropuerto internacional José Martí de La Habana, donde tuvo lugar la ceremonia de despedida. Tomaron parte en ella el presidente, numerosas autoridades civiles, políticas y militares del país, así como los obispos de Cuba. El presidente acogió al Romano Pontífice a su llegada y ambos se dirigieron hasta el podio, desde donde escucharon los himnos pontificio y cubano. Después de desfilar ante ellos la guardia de honor, el presidente pronunció las siguientes palabras de despedida.

Santidad:

Creo que hemos dado un buen ejemplo al mundo: usted, visitando lo que algunos dieron en llamar el último bastión del comunismo; nosotros, recibiendo al jefe religioso a quien quisieron atribuir la responsabilidad de haber destruido el socialismo en Europa. No faltaron los que presagiaban acontecimientos apocalípticos. Algunos, incluso, lo soñaron.

Era cruelmente injusto que su viaje pastoral fuese asociado a la mezquina esperanza de destruir los nobles objetivos y la independencia de un pequeño país bloqueado y sometido a una verdadera guerra económica hace ya casi 40 años. Cuba, Santidad, se enfrenta hoy a la más poderosa potencia de la historia, como un nuevo David, mil veces más pequeño, que con la misma honda de los tiempos bíblicos, lucha para sobrevivir contra un gigantesco Goliat de la era nuclear que trata de impedir nuestro desarrollo y rendirnos por enfermedad y por hambre. Si no se hubiese escrito entonces aquella historia, habría tenido que escribirse hoy. Este crimen monstruoso no se puede pasar por alto ni admite excusas.

Santidad:

Cuantas veces escucho o leo las calumnias contra mi patria y mi pueblo, urdidas por aquellos que no adoran otro Dios que el oro, recuerdo siempre a los cristianos de la antigua Roma, tan atrozmente calumniados, como ya expresé el día de su llegada, y que la calumnia ha sido muchas veces en la historia la gran justificadora de los peores crímenes contra los pueblos. Recuerdo también a los judíos exterminados por los nazis, o a los 4 millones de vietnamitas que murieron bajo el napalm, las armas químicas y los explosivos. Ser cristiano, ser judío o ser comunista no le da derecho a nadie a exterminarlos.

Miles de periodistas transmitieron a millones de personas en el mundo cada detalle de su visita y cada palabra pronunciada. Infinidad de nacionales y extranjeros fueron entrevistados en todo el país. Las cadenas nacionales de televisión transmitieron al pueblo, en vivo y en directo, todas las misas, homilías y discursos. Nunca, tal vez, tantas opiniones y noticias sobre una nación tan pequeña pudieron ser escuchadas, en tan breve tiempo, por tantas personas en nuestro planeta.

Cuba no conoce el miedo; desprecia la mentira; escucha con respeto; cree en sus ideas; defiende inconmovible sus principios y no tiene nada que ocultar al mundo.

Me conmueve el esfuerzo que Su Santidad realiza por un mundo más justo. Los estados desaparecerán; los pueblos llegarán a constituir una sola familia humana. Si la globalización de la solidaridad que usted proclama se extiende por toda la Tierra y los abundantes bienes que el hombre puede producir con su talento y su trabajo se reparten equitativamente entre todos los seres humanos que hoy habitan el planeta, podría crearse realmente un mundo para ellos, sin hambre ni pobreza; sin opresión ni explotación; sin humillaciones ni desprecios; sin injusticias ni desigualdades, donde vivir con plena dignidad moral y material, en verdadera libertad, ¡ese sería el mundo más justo! Sus ideas sobre la evangelización y el ecumenismo no estarían en contradicción con él.

Por el honor de su visita, por todas sus expresiones de afecto a los cubanos, por todas sus palabras, aun aquellas con las cuales pueda estar en desacuerdo, en nombre de todo el pueblo de Cuba, Santidad, le doy las gracias.

Discuros del papa:
Aeropuerto de La Habana Domingo, 25 de enero de 1998

Señor presidente, Señor cardenal y Hermanos en el episcopado, Excelentísimas Autoridades, Amadísimos hermanos y hermanas de Cuba:

He vivido unas densas y emotivas jornadas con el Pueblo de Dios que peregrina en las bellas tierras de Cuba, lo cual ha dejado en mí una profunda huella. Me llevo el recuerdo de los rostros de tantas personas, que he encontrado a lo largo de estos días. Les estoy agradecido por su *cordial hospitalidad, expresión genuina del alma cubana*, y sobre todo por haber podido compartir con ustedes *intensos momentos de oración y de reflexión* en las celebraciones de la Santa Misa en Santa Clara, en Camagüey, en Santiago de Cuba y aquí en La Habana, en los encuentros con el mundo de la cultura y con el mundo del dolor, así como en la visita de hace apenas unas horas a la Catedral Metropolitana.

Pido a Dios que bendiga y recompense a todos los que han cooperado en la realización de esta Visita, tanto tiempo deseada. Agradezco a Usted, Señor presidente, y también a las demás autoridades de la nación, su presencia aquí, así como la cooperación brindada en el desarrollo de esta Visita, en la que han participado tantas personas como ha sido posible, ya sea asistiendo a las celebraciones o siguiéndolas a través de los medios de comunicación social. Estoy muy reconocido a mis Hermanos *obispos de Cuba por los esfuerzos y la solicitud pastoral* con que han preparado tanto mi Visita como la misión popular que la ha precedido, cuyos frutos inmediatos se han puesto de manifiesto en la calurosa acogida dispensada, y que de alguna manera debe tener continuidad.

Como Sucesor del Apóstol Pedro y siguiendo el mandato del Señor *he venido, como mensajero de la verdad y de la esperanza*, a confirmarlos en la fe y dejarles un mensaje de paz y reconciliación en Cristo. Por eso, los aliento a seguir trabajando juntos, animados por los principios morales más elevados, para que el conocido dinamismo que distingue a este noble pueblo produzca abundantes frutos de bienestar y prosperidad espiritual y material en beneficio de todos.

Antes de abandonar esta Capital, *quiero decir un emocionado adiós a todos los hijos de este País*: a los que habitan en las ciudades y en los campos; a los niños, jóvenes y ancianos; a las familias y a cada persona, confiando en que continuarán conservando y promoviendo los valores más genuinos del alma cubana que, fiel a la herencia de sus mayores, ha de saber mostrar, aun en medio de las dificultades, su confianza en Dios, su fe cristiana, su vinculación a la Iglesia, su amor a la cultura y las tradiciones patrias, su vocación de justicia y de libertad. En ese proceso, *todos los cubanos están llamados a contribuir al bien común*, en un clima de respeto mutuo y con profundo sentido de la solidaridad.

En nuestros días ninguna nación puede vivir sola. Por eso, *el pueblo cubano no puede verse privado de los vínculos con los otros pueblos*, que son necesarios para el desarrollo económico, social y cultural, especialmente cuando el *aislamiento provocado repercute de manera indiscriminada en la población, acrecentando las dificultades de los más débiles* en aspectos básicos como la alimentación, la sanidad o la educación. Todos pueden y deben dar pasos concretos para un cambio en este sentido. Que las Naciones, y especialmente las que comparten el mismo patrimonio cristiano y la misma lengua, trabajen eficazmente por extender los beneficios de la unidad y la concordia, por aunar esfuerzos y superar obstáculos para que el pueblo cubano, protagonista de su historia, mantenga relaciones internacionales que favorezcan siempre el bien común. De este modo se contribuirá a superar la angustia causada por la pobreza, material y moral, cuyas causas pueden ser, entre otras, las desigualdades injustas, las limitaciones de las libertades fundamentales, la despersonalización y el desaliento de los individuos y *las medidas económicas restrictivas* impuestas desde fuera del País, injustas y éticamente inaceptables.

Queridos cubanos, al dejar esta amada tierra, llevo conmigo un recuerdo imborrable de estos días y *una gran confianza en el futuro de su Patria*. Constrúyanlo con ilusión, guiados por la luz de la fe, con el vigor de la esperanza y la generosidad del amor fraterno, capaces de crear un ambiente de mayor libertad y pluralismo, con la certeza de que Dios los ama intensamente y permanece fiel a sus promesas. En efecto, «*si nos fatigamos y luchamos es porque tenemos puesta la esperanza en Dios vivo, que es el Salvador de todos los hombres*» (*1 Tm* 4, 10). Que Él les colme de sus bendiciones y les haga sentir su cercanía en todo momento.

¡Alabado sea Jesucristo!

Una última palabra sobre la lluvia: ahora ha cesado, pero, después de mi visita a la Catedral de La Habana, llovió bastante fuerte. Me hice la pregunta de por qué, después de estos días calurosos, después de Santiago de Cuba, donde hacía tanto calor, llegó la lluvia. Esto podría ser un signo: el cielo cubano llora porque el papa se va, porque nos está dejando. Esto sería una hermenéutica superficial. Cuando nosotros cantamos en la liturgia: «Rorate coeli desuper et nubes pluant iustum», es el Adviento. Esto me parece una hermenéutica más profunda.

Esta lluvia de las últimas horas de mi permanencia en Cuba puede significar un Adviento. Quiero expresar mis votos para que esta lluvia sea un signo bueno de un nuevo Adviento en vuestra historia. Muchas gracias.

Acto seguido, se despidió y se dirigió hasta la escalerilla del avión. A las siete y media de la tarde despegó el MD-11 de Alitalia con rumbo a Roma.

Unos días después el papa envió la siguiente carta a Castro.

Miércoles 28 de enero 1998

1. He regresado anteayer de Cuba, donde, respondiendo a la invitación de los obispos y del mismo presidente de la República, he realizado una inolvidable visita pastoral. El Señor ha querido que el papa visitara aquella tierra y llevase consuelo a la Iglesia que allí vive y anuncia el Evangelio. A él va, ante todo, mi agradecimiento, que se extiende también a todo el pueblo de Dios, del que, en los días pasados, he recibido un constante apoyo espiritual.

Dirijo unas palabras de agradecimiento en especial al señor presidente de la República de Cuba, doctor Fidel Castro Ruz, y a las demás autoridades, que han hecho posible esta peregrinación apostólica. Doy las gracias con gran afecto a los obispos de la isla, comenzando por el arzobispo de La Habana, cardenal Jaime Ortega, así como a los sacerdotes, los religiosos y las religiosas y a todos los fieles, que me han dispensado una acogida conmovedora.

En efecto, desde mi llegada he estado rodeado por una gran manifestación del pueblo, que ha asombrado incluso a cuantos, como yo, conocen el entusiasmo de la gente latinoamericana. Ha sido la expresión de una larga espera, un encuentro largo tiempo deseado por parte de un pueblo que, en cierto modo, se ha reconciliado en él con su propia historia y su propia vocación. La visita pastoral ha sido un gran evento de reconciliación espiritual, cultural y social, que sin duda producirá frutos positivos también en otros ámbitos.

En la gran plaza de la Revolución José Martí de La Habana, he visto un enorme cuadro que representaba a Cristo, con la leyenda «¡Jesucristo, en ti confío!». He dado gracias a Dios porque precisamente en aquella plaza dedicada a la «Revolución» ha hallado un lugar Aquel que trajo al mundo la auténtica revolución, la del amor de Dios, que libera al hombre del mal y de la injusticia, y le da la paz y la plenitud de la vida.

2. He ido a la tierra cubana, definida por Cristóbal Colón «la más hermosa que ojos humanos hayan visto jamás», ante todo para rendir homenaje a aquella Iglesia y confirmarla en su camino. Es una Iglesia que ha atravesado momentos muy difíciles, pero ha perseverado en la fe, en la esperanza y en la caridad. He querido visitarla para compartir su profundo espíritu religioso, sus alegrías y sus sufrimientos; para dar impulso a su obra evangelizadora.

He ido como peregrino de paz para hacer resonar en medio de aquel noble pueblo el anuncio perenne de la Iglesia: Cristo es el Redentor del hombre y el Evangelio es la garantía del auténtico desarrollo de la sociedad.

La primera Santa Misa que tuve la alegría de celebrar en tierra cubana, en la ciudad de Santa Clara, fue una acción de gracias a Dios por el don de la familia, en unión ideal con el gran Encuentro mundial de las familias del pasado mes de octubre en Río de Janeiro. Quise hacerme solidario con las familias cubanas frente a los problemas que plantea la sociedad actual.

3. En Camagüey pude hablar a los jóvenes, consciente de que ser jóvenes católicos en Cuba ha sido y sigue siendo un reto. Su presencia dentro de la comunidad cristiana cubana es muy significativa por lo que concierne tanto a los grandes eventos como a la vida de cada día. Pienso con agradecimiento en los jóvenes catequistas, misioneros y agentes de la Cáritas y de otros proyectos sociales.

El encuentro con los jóvenes cubanos fue una inolvidable fiesta de la esperanza, durante la cual los exhorté a abrir el corazón y toda su existencia a Cristo, venciendo el relativismo moral y sus consecuencias. A ellos les renuevo la expresión de mi aliento y de todo mi afecto.

4. En la universidad de La Habana, en presencia también del presidente Fidel Castro, me reuní con los representantes del mundo de la cultura cubana. En el arco de cinco siglos, esta ha experimentado diversas influencias: la hispánica, la africana, la de los diferentes grupos de inmigrantes y la propiamente americana. En los últimos decenios, ha influido en ella la ideología marxista materialista y atea. Sin embargo, en el fondo, su fisonomía, la llamada «cubanía», ha permanecido íntimamente marcada por la inspiración cristiana, como lo atestiguan los numerosos hombres de cultura católicos, presentes en toda su historia. Entre ellos destaca el siervo de Dios Félix Varela, sacerdote, cuya tumba se halla precisamente en el aula magna de la Universidad. El mensaje

de estos «padres de la patria» es muy actual e indica el camino de la síntesis entre la fe y la cultura, el camino de la formación de conciencias libres y responsables, capaces de diálogo y, al mismo tiempo, de fidelidad a los valores fundamentales de la persona y de la sociedad.

5. En Santiago de Cuba, sede primada, mi visita fue, en su pleno sentido, una peregrinación: efectivamente, allí veneré a la patrona del pueblo cubano, la Virgen de la Caridad del Cobre. Constaté con alegría íntima y profunda cuánto aman los cubanos a la Madre de Dios, y que la Virgen de la Caridad representa verdaderamente, por encima de cualquier diferencia, el principal símbolo y apoyo de la fe del pueblo cubano y de sus luchas por la libertad. En este contexto de devoción popular, exhorté a encarnar el Evangelio, mensaje de auténtica liberación, en la vida de cada día, viviendo como cristianos plenamente insertados en la sociedad. Hace cien años, ante la Virgen de la Caridad se declaró la independencia del país. Con esta peregrinación les encomendé a todos los cubanos, tanto a los que se hallan en la patria como a los que están en el extranjero, para que formen una comunidad cada vez más vivificada por la auténtica libertad y realmente próspera y fraterna.

En el santuario de San Lázaro me reuní con el mundo del dolor, al que llevé la palabra consoladora de Cristo. En La Habana, finalmente, pude saludar también a una representación de los sacerdotes, de los religiosos, de las religiosas y de los laicos comprometidos, a quienes alenté a entregar su vida generosamente al servicio del pueblo de Dios.

6. La divina Providencia quiso que, precisamente en el domingo en el que la liturgia proponía las palabras del profeta Isaías: «El Espíritu del Señor está sobre mí (…). Me ha enviado para dar la buena noticia a los pobres» (Lc 4, 18), el Sucesor del apóstol Pedro pudiese realizar en la capital de Cuba, La Habana, una etapa histórica de la nueva evangelización. En efecto, tuve la alegría de

anunciar a los cubanos el evangelio de la esperanza, mensaje de amor y de libertad en la verdad, que Cristo no cesa de ofrecer a los hombres y a las mujeres de todos los tiempos.

¿Cómo no reconocer que esta visita adquiere un valor simbólico notable, a causa de la posición singular que Cuba ha ocupado en la historia mundial de este siglo? En esta perspectiva, mi peregrinación a Cuba —tan esperada y tan esmeradamente preparada— ha constituido un momento muy provechoso para dar a conocer la doctrina social de la Iglesia. En varias ocasiones quise subrayar que los elementos esenciales del magisterio eclesial sobre la persona y sobre la sociedad pertenecen también al patrimonio del pueblo cubano, que los ha recibido en herencia de los padres de la patria, los cuales los han extraído de las raíces evangélicas y han dado testimonio de ellos hasta el sacrificio. En cierto sentido, la visita del papa ha venido a dar voz al alma cristiana del pueblo cubano. Estoy convencido de que esta alma cristiana constituye para los cubanos el tesoro más valioso y la garantía más segura de desarrollo integral bajo el signo de la auténtica libertad y de la paz.

Deseo de corazón que la Iglesia en Cuba pueda disponer cada vez más libremente de espacios adecuados para su misión.

7. Considero significativo que la gran celebración eucarística conclusiva en la plaza de la Revolución haya tenido lugar en el día de la Conversión de San Pablo, como para indicar que la conversión del gran Apóstol «es una profunda, continua y santa revolución, que vale para todos los tiempos». Toda auténtica renovación comienza por la conversión del corazón.

Encomiendo a la Virgen todas las aspiraciones del pueblo cubano y el esfuerzo de la Iglesia, que con valentía y perseverancia prosigue su misión al servicio del Evangelio.

En aquel viaje, Juan Pablo II, hizo una relación histórica de héroes culturales y políticos que a lo largo de sus vidas dieron un ejemplo con su lucha por la libertad y la justicia, comenzando un proceso que, alimentado por la fe cristiana, formó los rasgos característicos de la nación. Ente los que destacaban aquel soldado que fue el primer catequista y misionero de Macaca; también el primer maestro cubano que fue el P. Miguel de Velázquez; el sacerdote Esteban Salas, padre de la música cubana; el insigne bayamés Carlos Manuel de Céspedes, Padre de la Patria, el cual, postrado a los pies de la Virgen de la Caridad, inició su lucha por la libertad y la independencia de Cuba; Antonio de la Caridad Maceo y Grajales, al cual su madre pidió delante del crucifijo que se entregara hasta el extremo por la libertad de Cuba. Además de estos, hay muchos hombres y mujeres ilustres que, movidos por su inquebrantable fe en Dios, eligieron la vía de la libertad y la justicia como bases de la dignidad de su pueblo.

También en cuanto a la Virgen de la Caridad del Cobre, se refirió a todos los cubanos, haciendo especial hincapié en «sin distinción de ideología».

En cuanto a su referencia a Antonio Maceo no descartó sus palabras: «Quien no ama a Dios, no ama a la Patria»…

Hay que alcanzar una verdadera libertad como el mejor camino para el desarrollo integral del ser humano, y para «alcanzar la verdadera libertad», es necesario el reconocimiento de los derechos humanos y la justicia social. A este respecto, los laicos católicos, tendrían que ser «sal y fermento» y tienen «el deber y el derecho de participar en el debate público en igualdad de oportunidades y en actitud de diálogo y reconciliación». El bien de la nación debe ser fomentado y procurado por los propios ciudadanos a través de medios pacíficos y graduales. De este modo cada persona, gozando de libertad de expresión, capacidad de iniciativa y de propuesta en el seno de la sociedad civil y de la adecuada libertad de asociación, deberá «colaborar eficazmente en la búsqueda del bien común».

La Iglesia, mira en primer lugar a la persona humana y a la comunidad en la que vive, sabiendo que su primer camino es el hombre concreto en medio de sus necesidades y aspiraciones. Todo lo que la Iglesia reclama para sí lo pone al servicio del hombre y de la sociedad

Defendiendo su propia libertad, la Iglesia defiende la de cada persona, de las familias y de las diversas organizaciones sociales, realidades vivas, que tienen derecho a un ámbito propio de autonomía y soberanía. La Iglesia debe asumir posiciones valientes y proféticas ante la corrupción del poder político o económico.

Pero sin duda, el párrafo más polémico de su discurso, fue el siguiente:

> Con el dosel del altar familiar, Céspedes confeccionó la bandera cubana y fue a postrarse a los pies de la Virgen antes de iniciar la lucha por la libertad. Los valientes soldados cubanos, los mambises, llevaban sobre su pecho la medalla y la «medida» de su bendita imagen. El primer acto de Cuba libre tuvo lugar cuando en 1898 las tropas del General Calixto García se postraron a los pies de la Virgen de la Caridad en una solemne misa para la «Declaración mambisa de la Independencia del pueblo cubano».

Era toda una provocación, ante la que la multitud empezó a gritar vivas al papa y ¡Libertad! ¡Libertad!. Resaltamos:

> No se trata en absoluto de una ideología ni de un sistema económico o político nuevo, sino de un camino de paz, justicia y libertad verdaderas. Los sistemas ideológicos y económicos que se han ido sucediendo en los dos últimos siglos con frecuencia han

potenciado el enfrentamiento como método, ya que contenían en sus programas los gérmenes de la oposición y de la desunión. Esto condicionó profundamente su concepción del hombre y sus relaciones con los demás. Algunos de esos sistemas han pretendido también reducir la religión a la esfera meramente individual, despojándola de todo influjo o relevancia social. En este sentido, cabe recordar que un Estado moderno no puede hacer del ateísmo o de la religión uno de sus ordenamientos políticos. El Estado, lejos de todo fanatismo o secularismo extremo, debe promover un sereno clima social y una legislación adecuada que permita a cada persona y a cada confesión religiosa vivir libremente su fe, expresarla en los ámbitos de la vida pública y contar con los medios y espacios suficientes para aportar a la vida nacional sus riquezas espirituales, morales y cívicas.

Por otro lado, resurge en varios lugares una forma de neoliberalismo capitalista que subordina la persona humana y condiciona el desarrollo de los pueblos a las fuerzas ciegas del mercado, gravando desde sus centros de poder a los países menos favorecidos con cargas insoportables. Así, en ocasiones, se imponen a las naciones, como condiciones para recibir nuevas ayudas, programas económicos insostenibles. De este modo se asiste en el concierto de las naciones al enriquecimiento exagerado de unos pocos a costa del empobrecimiento creciente de muchos, de forma que los ricos son cada vez más ricos y los pobres cada vez más pobres.

Para muchos de los sistemas políticos y económicos hoy vigentes el mayor desafío sigue siendo el conjugar libertad y justicia social, libertad y solidaridad, sin que ninguna quede relegada a un plano inferior. En este sentido, la Doctrina Social de la Iglesia es un esfuerzo de reflexión y propuesta que trata de iluminar y conciliar las relaciones entre los derechos inalienables de cada hombre y las exigencias sociales, de modo que la persona alcance sus aspiraciones más profundas y su realización integral, según su condición de hijo de Dios y de ciudadano. Por lo cual, el laicado católico debe contribuir a esta realización mediante la aplicación de las enseñanzas sociales de la Iglesia en los diversos ambientes, abiertos a todos los hombres de buena voluntad.

José Martí escribió: *Pura, desinteresada, perseguida, martirizada, poética y sencilla, la religión del Nazareno sedujo a todos los hombres honrados… Todo pueblo necesita ser religioso. No solo lo es esencialmente, sino que por su propia utilidad debe serlo… Un pueblo irreligioso morirá, porque nada en él alimenta la virtud. Las injusticias humanas disgustan de ella; es necesario que la justicia celeste la garantice.*

Cuba tiene un alma cristiana y eso la ha llevado a tener una vocación universal. Llamada a vencer el aislamiento, ha de abrirse al mundo y el mundo debe acercarse a Cuba, a su pueblo, a sus hijos, que son sin duda su mayor riqueza. ¡Es la hora de emprender los nuevos caminos que exigen los tiempos de renovación que vivimos!

Los que han salido de la Patria y se sienten hijos de Cuba, cubanos deben colaborar con serenidad y espíritu constructivo y respetuoso al progreso de la nación, fomentando un clima de positivo diálogo y recíproco entendimiento. Deben ser promotores de la paz y concordia, de reconciliación y esperanza. Hacer efectiva la solidaridad generosa con sus hermanos cubanos más necesitados, demostrando también así una profunda vinculación con su tierra de origen.

En este contexto es normal que la Iglesia tenga acceso a los medios de comunicación social: radio, prensa y televisión, y que pueda contar con sus propios recursos en estos campos.

Con aquel viaje, el papa había cumplido su misión evangélica y había logrado un despertar espiritual en la nación, al menos durante su viaje, pero el episcopado en Cuba no había estado a la altura de las circunstancias con una honrosa excepción: arzobispo

Meurice, que falleció a la edad de 79 años en la ciudad de Miami, Florida, EE. UU. a causa de un ataque cardiaco. Se ganó el apelativo de «El león de Oriente» por sus críticas al gobierno castrista durante la visita de Juan Pablo II a Cuba en enero de 1998. Tuvo la valentía de decir ante miles de presentes:

Santo Padre: Cuba es un pueblo que tiene una entrañable vocación a la solidaridad, pero a lo largo de su historia, ha visto desarticulado o encallados los espacios de asociación y participación de la sociedad civil, de modo que le presento el alma de una nación que anhela reconstruir la fraternidad a base de libertad y solidaridad».

«Deseo presentar en esta eucaristía a todos aquellos cubanos y santiagueros que no encuentran sentido a sus vidas, que no han podido optar y desarrollar un proyecto de vida por causa de un camino de despersonalización que es fruto del paternalismo.

Mons. Meurice se refirió además en aquel discurso a

…un número creciente de cubanos que han confundido la Patria con un partido, la nación con el proceso histórico que hemos vivido en las últimas décadas, y la cultura con una ideología…

…Son cubanos que, al rechazar todo de una vez sin discernir, se sienten desarraigados, rechazan lo de aquí y sobrevaloran todo lo extranjero. Algunos consideran esta como una de las causas más profundas del exilio interno y externo…

Tras señalar que la Iglesia en Cuba vivió una importante época en la década del 50, el arzobispo explicó que, sin embargo,

…fruto de la confrontación ideológica con el marxismo-leninismo, estatalmente inducido, volvió a ser empobrecida de medios y agentes de pastoral, pero no de mociones del Espíritu, como fue el Encuentro Nacional Eclesial cubano....

...Hay otra realidad que debo presentarle: la nación vive aquí y vive en la diáspora. El cubano sufre, vive y espera aquí y también sufre, vive y espera allá fuera. Somos un único pueblo que, navegando a trancos sobre todos los mares, seguimos buscando la unidad que no será nunca fruto de la uniformidad sino de un alma común y compartida a partir de la diversidad....

...Llegará el día en que tanto dolor y tanto sufrimiento, tanto trabajo, tanto sudor, no serán en vano, darán su fruto y fruto abundante. Y todos podremos gozar de alegría, de paz, de unidad...

Castro había distorsionado los pronunciamientos papales y silenciado las diferencias para hacer ver que, en lo fundamental (rechazo del embargo norteamericano), el Vaticano apoyaba al régimen cubano. Los obispos en Cuba publicaron una pastoral en la que afirmaban que la apertura del mundo a Cuba debía ir «normalmente precedida y acompañada de una apertura interna en la sociedad cubana».

Así como el Vaticano era enfático en declarar que el embargo norteamericano era «éticamente inaceptable», así de explícito y categórico debió serlo al condenar el embargo interno de Castro. Desafortunadamente, cuando la Iglesia criticaba al régimen cubano lo hacía en parábolas.

Cuba no es Polonia; las circunstancias, los personajes y los tiempos eran distintos. No le pedimos al episcopado cubano posturas heroicas a lo Wyszynski, pero si no querían los obispos desafiar o rebatir las mentiras de Castro, que al menos guardaran silencio.

A finales de 1989, los obispos cubanos escribieron una dura carta a Castro instándole a cesar en su poder dictatorial. Como respuesta, Castro negó el permiso a descargar una imprenta que había llegado desde Alemania para la iglesia, valorada en $500.000, adquirida por el Northeast Center for Hispanic Catolic Actvites de Nueva York. Esta institución dirigida por Mario Paredes, jugó un papel clave en los numerosos tira y afloja entre la iglesia y las autoridades cubanas. Castro acusó a los obispos cubanos de estar al servicio de Estados Unidos, por lo que las primeras negociaciones fueron suspendidas.

La represión por aquellos años se intensificó, sin embargo, en 1991 el partido comunista cubano, aceptó admitir creyentes en sus listas, y en 1992 declaró a Cuba estado laico en vez de ateo, como había sido hasta entonces. En contrapartida, Castro prometió acudir a la Cumbre Mundial de Medioambiente de Río de Janeiro,

Aquella cumbre, organizada por la ONU y celebrada del 3 al 4 de Junio de 1992, reunió a gobernantes de 178 países. Maurice Strong fue su secretario general. En total había más de 4000 miembros. Su principal lema era:

Los seres humanos constituyen el centro de las preocupaciones relacionadas con el desarrollo sostenible. Tienen derecho a una vida saludable y productiva en armonía con la naturaleza (Principio 1). Para alcanzar el desarrollo sostenible, la protección del medioambiente debe ser parte del proceso de desarrollo y no puede ser considerado por separado. (Principio 4)

Sin embargo, incluso después del viaje, Castro no cedió en la educación religiosa ni en el acceso a los medios de comunicación, dos puntos clave en la agenda de los líderes católicos locales. A día de hoy, el régimen cubano continúa con la vigilancia, el acoso a líderes religiosos y laicos, el exilio forzoso, las multas y el maltrato a los presos de conciencia religiosos. El pasado mes de septiembre

de 2022, las autoridades expulsaron al padre David Pantaleón, superior local de los jesuitas, por no controlar las críticas de los jesuitas al gobierno.

Es posible que la odisea cubana de Juan Pablo II no haya logrado el cambio radical que esperaba, ni en el clima interno del país
ni en la posición de Cuba en el mundo ni el fin del embargo[2]).
Sin pero por otra parte el viaje produjo una nueva sensación de
posibilidad, ayudó a poner en pie a una Iglesia tambaleante y con-
solidó la reputación de Juan Pablo II como el principal estadista
espiritual del siglo XX.

¿Cuaés fueron los logros de aquella visita?

Uno fue que el papa pudo observar de primera mano la realidad de la iglesia en Cuba en aquellos momentos y la necesidad
de reevangelización, para lo que en un acto simbólico, durante la
misa entregó al cardenal Ortega el pilar de un nuevo seminario
archidiocesano.

En cuanto a los presos políticos, se liberaron 190 de la lista de
250 que el cardenal Ángelo Sodano entregó a las autoridades.

También se crearon bases para que las instituciones libres de la
sociedad civil pudieran empezar a crecer. Supuso un estímulo para
las asociaciones clandestinas de trabajadores, para periodistas

---

2. N del E. a) El gobierno cubano llama "bloqueo" al embargo. ¿Dónde están
los acorazados norteamericanos rodeando a Cuba? b) La causa del embargo
fue la expropiación sin compensación de todas las propiedades norteamericanas en Cuba. c) Cuba puede comerciar libremente con el resto de los más
de 190 países del mundo. d) De Estados Unidos llegan a Cuba paquetes de
alimentos y medicinas, recargas de teléfonos y remesas enviadas por familiares (en 2019 representaron 6.000 millones de dólares. e) El gobierno de Cuba
compra en Estados Unidos pollo congelado y otros productos alimenticios por
cientos de millones de dólares anuales. f) La revolución cubana quiso liberarse
de la "explotación imperialista", debería alegrarse de la rotura de relaciones
comerciales con Estados Unidos, que ya no los puede explotar.

independientes y para las diversas asociaciones de derechos humanos que vieron ampliadas sus listas.

A su regreso a Roma durante su audiencia general semanal, dijo: «Espero que los frutos de esta peregrinación para nuestros hermanos y hermanas de esa hermosa isla, sean similares a los frutos de la peregrinación a Polonia».

Se equivocaba. La situación no era la misma: de un lado estaba la fragilidad de la Iglesia en Cuba; de otro, el que Castro no tuviera oponentes políticos dentro de la isla, ya que en aquellos momentos, los que podían oponerse estaban muertos, encarcelados o en el exilio.

Por último, debo añadir, que durante los últimos años la iglesia cubana no ha estado a la altura de las circunstancias, perdiendo una oportunidad inmejorable al no haber sabido cultivar la semilla que el papa sembró en aquella visita.

Para terminar he aquí las palabras, de Eloy González, que siguen vigentes, al día de hoy:

Viví y crecí en Cuba entre sobresaltos y Revolución. Aquella desventurada década de los sesenta trajo a mi país una ideología que prometía el paraíso en la tierra y apostaba por una vida plena para todos, en tanto que todos ya éramos iguales o aspirábamos a eso. Un viento de renuevo nos alcanzó y una luz cegadora nos irradió de verdad, amor incondicional y esperanza en un futuro, que repetían, era con todos y para el bien de todos. Era casi seguro que teníamos que dar gracias a la Revolución que traía vida y vida en abundancia.

Pero la gente moría y no aparecía lo que decían las nuevas buenas; y el cielo se cerraba y la porfía nos ahogaba en un disparatado escenario de solaz impiedad y un empachado entretenimiento de masas. Vivíamos una agitación de presunciones y falsedades; pero sobre todo una ausencia de vivir que nos aqueja hasta el presente.

Para los que piensen que la muerte del sátrapa promoverá cambios en Cuba, les digo que se equivocan. Los mensajes son claros y no hay contradicciones en ellos. Ya se ha producido un proceso de sucesión ordenada, la continuidad de la dictadura y la ideología que le sirve de sustento está garantizada. Los principales funcionarios del régimen se declarado: *hay y habrá continuidad, no transición.* Las libertades que nos merecemos los cubanos, una vez más, han sido aplazadas.

Conmemoración en Cuba de los 25 años de la visita del papa Juan Pablo II

Cuando el papa Juan Pablo II visitó Cuba una brisa fresca sopló sobre la Iglesia de Cuba y sus feligreses.

De aquella visita trascendió el discurso televisado a toda la nación, que diera el antiguo arzobispo de Santiago de Cuba, Mons. Pedro Meurice, quien se negó a entregar una copia de sus palabras hasta el último momento.

Meurice criticó con dureza al Gobierno en la misa de Santiago de Cuba. Durante la homilía, el arzobispo afirmó públicamente palabras que tuvieron como blanco el corazón político del régimen, nunca antes oídas desde el comienzo de la revolución, entre ellas que «un número creciente de cubanos había confundido la patria con un partido, la nación con el proceso histórico que hemos vivido las últimas décadas y la cultura con una ideología».

Algo consiguió la visita del papa, pero nada esencial como la libertad que obtuvo Polonia con la desaparición de la Unión Soviética.

Principalmente permitió a muchos reencontrar sus raíces cristianas, redescubrir la existencia de una iglesia semiclandestina, facilitar el camino misionero, hacer procesiones, rescatar la Navidad con el 25 de diciembre como día no laborable, proteger espacios de crítica como la revista Vitral en Pinar del Río e iniciativas políticas nacidas e inspiradas en la iglesia como el Movimiento Cristiano de Liberación, fortalecer la labor de Cáritas y el trabajo educativo y cultural.

Pero al poco tiempo aminoraron los cuestionamientos al autoritarismo estatal, fueron sustituidos obispos críticos por prelados con perfiles moderados y fueron desmantelados espacios críticos como la revista Vitral, dirigida por el laico Dagoberto Valdés. Osvaldo Payá, el principal oposicionista católico de la nación perdió la vida el año 2012 en un incidente nunca aclarado por el gobierno, seguramente un asesinato político.

Osvaldo Payá Sardiñas

En el plano diplomático el viaje del papa trajo beneficios para el Estado cubano: rompió algo el aislamiento regional y Castro obtuvo una condena pontificia al embargo estadounidense.

Veinticinco años más tarde, en la conmemoración de la visita del Papa Juan Pablo II a Cuba, el cardenal Beniamino Stella, enviado del papa Francisco, exhortó, en un discurso en la Universidad de La Habana, a promover la reconciliación; y en declaraciones a los medios de comunicación pidió la liberación de los detenidos que se manifestaron en contra del gobierno en 2021.

«He venido a celebrar y revivir junto a ustedes el legado del Papa San Juan Pablo II, mensajero de la verdad y la esperanza», dijo el purpurado en presencia del presidente cubano Miguel Díaz-Canel.

Continuó el cardenal Stella:

La cultura es aquella forma peculiar con la que los hombres expresan y desarrollan sus relaciones con la creación, entre ellos mismos y con Dios, formando el conjunto de valores que caracterizan a un pueblo y los rasgos que lo definen. Así entendida, la cultura tiene una importancia fundamental para la vida de las naciones y para el cultivo de los valores humanos más auténticos.

La fe cristiana se encarna en la cultura y de esta forma se convierte también en un hecho cultural y la cultura en un hecho religioso.

Es necesario promover una auténtica reconciliación y fraternidad, no sustentadas en la similitud de ideas, sino en aquellas que salen al encuentro del otro en su diversidad. Para esto es imprescindible que todos sigan empeñándose en educar en valores y reforzar la madurez ética en los jóvenes…

Que ellos se comprometan con su realidad y realicen sus sueños y proyectos en Cuba; que no haya odio ni enfrentamientos entre hermanos, sino que se construya una 'Cultura del Encuentro' que proporcione puentes por donde podamos transitar en pos del bien común del cual somos responsables todos…

Ciertamente Cuba debe ser libre de toda injerencia y sujeción, así como debe ser también una Cuba donde sus hijos sean hombres y mujeres libres… Son algunos los desafíos que se presentan en el camino y eso es común en todas las naciones y más aún en este cambio de época, al decir del papa Francisco…

El papa desea mucho que haya una respuesta positiva del Gobierno cubano ante las peticiones de la Iglesia para la liberación

de quienes participaron en las protestas del 11 de julio en el 2021
… como se llame, amnistía, clemencia… Las palabras pueden ser
también secundarias, pero es importante que los jóvenes que en
un momento han manifestado su pensamiento… puedan volver
a sus casas».

Es posible que concedan la libertad a la mayoría de esos cubanos, a fin de cuentas en Cuba se utilizan a los presos políticos
como moneda de cambio para lograr alguna ventaja política o
económica. Así ha sucedido a lo largo de los últimos 50 años.[3]
¿Qué habrán pedido a cambio ahora?

Cardenal Beniamino Stella. Aula Magna de la Universidad de La Habana

El cardenal Stella aseguró que durante su visita a Cuba manifestó a las autoridades cubanas el anhelo y esperanza de la iglesia
de que a partir del «momento útil y positivo» que ha supuesto su

---

3. En 2010, gracias a la mediación de la Iglesia católica y del gobierno español,
un grupo de opositores que permanecían presos desde 2003 fueron liberados y
algunos optaron por salir del país.

viaje «nazcan cosas nuevas para el pueblo cubano». Reivindicó también el papel del diálogo, desde «la bondad y el respeto», tanto en sus conversaciones con altos cargos cubanos como en las relaciones entre La Habana y Estados Unidos, porque «hablando se pueden encontrar soluciones». El Vaticano desea que «se pueda hablar con los que tienen poder y se puedan escuchar mutuamente», porque de «ahí pueden salir cosas que beneficien al pueblo cubano», añadió

Sin embargo, la situación en el país caribeño, en el que todavía resuena pendiente la invitación de Juan Pablo II «no tengáis miedo», «que el mundo se abra a Cuba y que Cuba se abra al mundo» es ahora alarmante, en estos momentos el país atraviesa una profunda crisis económica, social y humana.

El pasado año 2022 huyeron de Cuba 260,00 personas, más que en ninguno de los anteriores tres éxodos masivos, ahora como una hemorragia de jóvenes. La Iglesia cubana también sufre de una situación extrema, con exiguos recursos para su labor pastoral.

Monseñor Dionisio García Ibáñez, arzobispo de Santiago de Cuba, hizo las siguientes declaraciones a Radio Martí: «Creo que el mensaje del papa Juan Pablo II sigue vigente y hay que ponerlo en práctica en una situación dramática como la que estamos viviendo».

Por su parte Juan Gabriel Díaz Ruíz, obispo de Ciego de Ávila, escribió el siguiente mensaje en las redes sociales: «Las celebraciones de estos días no serán meramente de recordatorio de lo que sucedió hace 25 años, sino también quiere ser una renovación de la vida de nuestras comunidades, quiere también volver a las enseñanzas que el Papa, durante todas sus celebraciones, encuentros y misas, nos dejó sobre temas fundamentales de la vida de la Iglesia y del pueblo de Cuba que hoy tienen una actualidad maravillosa, que iluminan también lo que estamos viviendo y el camino que la Iglesia cubana quiere continuar haciendo».[4]

---

4. Ver «Cardenal Beniamino Stella en Holguín»: https://holguincatolico. org/2023/02/05/cuiden-la-antorcha-recibida-cuiden-sus-raices-cristianas/ - «Cardenal Stella en el aula magna»: https://iglesiacubana.org/ cocc/pages/articles/2004 - «Resumen del viaje del cardenal Beniamino Stella (por Araceli Cantero): https://holguincatolico.org/2023/02/11/ los-obispos-cubanos-agradecen-al-cardenal-stella-sus-palabras-de-aliento/

Testimonio de Dagoberto Valdés Hernández, Diócesis de Pinar del Río. Revista *Convivencia*

Han transcurrido 25 años desde que el Papa, polaco y santo, viniera a Cuba y abriera para todos los cubanos una ventana de luz y libertad. Era la primera vez que la Isla encerrada sentía, vibraba, se movía por un Espíritu nuevo y renovador.

Un arco simbólico y elocuente podría resumir el alma de la visita. Un arco desde la Plaza Cívica José Martí hasta la despedida en el aeropuerto. El viento de la Plaza inspiró a San Juan Pablo II a improvisar diciendo: «*Este viento de hoy es muy significativo porque el viento simboliza al Espíritu Santo. Spiritus spirat ubi vult. Spiritus vult spirare in Cuba (El Espíritu sopla donde quiere. El Espíritu quiere soplar en Cuba)*». Al despedirse en el aeropuerto caía una fina lluvia y nuevamente el Papa improvisó la traducción del símbolo: «Me hice la pregunta de por qué después de estos días… en que hacía tanto calor, llegó la lluvia. Esto podría ser un signo: el cielo cubano llora porque el Papa se va… esto sería una hermenéutica superficial… Cuando nosotros cantamos en la Liturgia *Rorate coeli desuper et nubes pluant justum* (Que los cielos destilen rocío y que las nubes envíen al Justo), es el Adviento. «*Quiero expresar mis votos para que esta lluvia sea un signo bueno de un nuevo Adviento en vuestra historia.*» Cuba sigue en la esperanza de ese Adviento.

Como hijo de la Iglesia viví y vivo esa visita como un hito de libertad, de apertura y de una visión del futuro que deseo para mi patria. El Papa trajo el mensaje liberador del Evangelio expresado de dos formas: los gestos y las palabras.

Dagoberto Valdés Hernández

Para mí tuvieron una especial vibración algunas palabras que conservan hoy toda su vehemencia y vigencia. La primera de todas, repetida tres veces desde su llegada al aeropuerto, creo que es la de mayor urgencia, la considero una exhortación medular de todas sus enseñanzas centradas en el personalismo comunitario trascendente, camino de sanación para el daño antropológico de los cubanos: «Ustedes son y deben ser los protagonistas de su propia historia personal y nacional». Otra de sus palabras fundamentales es: «Que Cuba se abra al mundo y que el mundo se abra a Cuba», que considero no debe ser entendida solamente como referida a las relaciones internacionales del país, sino también como la apertura mental y estructural que traiga una convivencia fraterna entre todos los cubanos, sin distinción.

Otros mensajes son igualmente memorables: «Cuba, cuida a tu familia para que conserves sano tu corazón» (Santa Clara, 22 de enero de 1998). Muchos análisis tan profundos como este: «La historia enseña que sin fe desaparece la virtud, los valores humanos se oscurecen, no resplandece la verdad, la vida pierde su sentido trascendente y aún el servicio a la nación puede dejar de ser alentado por motivaciones más profundas» (Santiago de Cuba, 24 de enero de 1998).

Suenan en mi corazón, como una especial bendición las elogiosas palabras contenidas en el telegrama del Santo Padre al sobrevolar la Diócesis de Pinar del Río, antes de aterrizar en La Habana: «Me complace dirigir un cordial saludo a los hijos e hijas de esa región occidental de la nación, cuyos atractivos naturales evocan aquella otra riqueza que son los valores espirituales que les han distinguido y que están llamados a conservar y transmitir a las generaciones futuras para el bien y el de la Patria». Todo un proyecto para actualizar su histórica visita.

Un momento de especial solemnidad y trascendencia fue la visita de San Juan Pablo II al cenotafio que conserva los restos del Venerable Padre Félix Varela, en el Aula Magna de la Universidad de La Habana. Recuerdo haber participado como Secretario Ejecutivo de la Comisión para la Cultura de la Conferencia de Obispos de Cuba. Desde el balcón central frente a donde estaba el Papa, recuerdo a ambos lados, muy emocionados, a la directora Zenaida Romeu y al cantautor Carlos Varela. Allí expresó el Pontífice: «Esta es la herencia que el Padre Varela dejó. El bien de su patria sigue necesitando de la luz sin ocaso, que es Cristo. Cristo es la vía que guía al hombre a la plenitud de sus dimensiones, el camino que conduce hacia una sociedad más justa, más libre, más humana, más solidaria» (La Habana, 23 de enero de 1998). Una bella placa que debía hacer memoria de aquel homenaje del Papa a Varela en el Aula Magna, fue por fin colocada en la puerta de San Ignacio en el antiguo Seminario San Carlos donde educó aquel «que nos enseñó en pensar primero».

Deseo terminar haciendo memoria de un gesto que ha marcado toda mi vida de cubano y cristiano, por su simbolismo y contenido: fui uno de los 20 laicos de toda Cuba elegido para que San Juan Pablo II le entregara una Biblia después de la lectura del Evangelio en la última Misa presidida por el Sucesor de San Pedro en la Plaza Cívica José Martí en La Habana. Era una luminosa mañana del 25 de enero de 1998. Fui el último en subir las anchas escaleras del altar ayudando a la Sra. Lola Careaga de Minas de Matahambre, la más anciana de todos. Mientras subíamos, pensé que podía ser otro símbolo de la perseverancia y fidelidad de aquella generación de cristianos que sostuvo encendida la antorcha de la fe en medio de la tormenta. El Cardenal Jaime Ortega estaba presentando a cada uno de los laicos y, al llegar este servidor, le dijo: «Santo Padre: Dagoberto Valdés, director del Centro de Formación Cívica y Religiosa y de la revista Vitral de la Diócesis de Pinar del Río.» Saludé al Santo Padre y recibí de sus manos la Biblia, mientras renovaba entonces a mis 43 años, como hoy, la profesión de mi fe católica y apostólica, mi compromiso y entrega de amor a Cristo, a Cuba y a la Iglesia. Pocos meses después, el mismo Juan Pablo II me nombraría miembro pleno del Pontificio Consejo Justicia y Paz.

Desde entonces, solo pido fidelidad a la Palabra de Aquel que es el centro y el fin de mi vida: Jesús, para que siempre pueda cumplir, con mi pensamiento, palabras, escritos, obras y proyectos, aquella misión que el mismo Cristo proclamó en la sinagoga de Nazaret y que había sido la lectura del Evangelio de aquel inolvidable domingo:

«El Espíritu del Señor está sobre mí. Él me ha ungido para llevar buenas nuevas a los pobres, para anunciar la libertad a los cautivos, y a los ciegos que pronto van a ver, para despedir libres a los oprimidos y proclamar el año de gracia del Señor» (Lucas 4, 18-19).

Que, con la ayuda de Dios, así sea en mi vida, en la Iglesia y en Cuba.

Dagoberto Valdés Hernández

Printed in Great Britain
by Amazon

19049036R00150